W0393603

HelfRecht

Manfred Helfrecht
Werner Bayer
Christoph Beck

Zukunft gestalten. Ziele erreichen.

35 Erfolgsbausteine für das persönliche und unternehmerische Lebensmanagement

Manfred Helfrecht / Werner Bayer / Christoph Beck:
Zukunft gestalten. Ziele erreichen.
35 Erfolgsbausteine für das persönliche und unternehmerische Lebensmanagement.

1. Auflage 2004
2. Auflage 2005

ISBN 3-920400-68-2

© 2004 by HelfRecht Unternehmerische Planungsmethoden AG,
D-95680 Bad Alexandersbad/Bayern - www.helfrecht.de

Alle Rechte zur Verwertung sind vorbehalten. Dies schließt die Wiedergabe durch Film, Funk oder Fernsehen ebenso ein wie jegliche Vervielfältigung und Verbreitung, die fotomechanische Wiedergabe, den (auch auszugsweisen) Nachdruck, Übersetzungen, die Erstellung von Ton- und Datenträgern sowie die Eingabe, Abspeicherung und Verarbeitung in elektronischen Systemen.

Verlag: HelfRecht Verlag und Druck, D-95680 Bad Alexandersbad/Bayern

Layout, Satz und Druck: HelfRecht Verlag und Druck, D-95448 Bayreuth/Bayern

5 Schritte zum Erfolg nach dem HelfRecht-Regelkreis

1. Analysieren Sie Ihre Ausgangssituation:

Wie stellt sich Ihre aktuelle Situation dar? Wie kam es dazu? Was wollen/müssen Sie daran verändern/verbessern? Warum? Was geschieht, wenn sich nichts ändert?

2. Bestimmen Sie Ihre Ziele:

Was wollen Sie kurz-, mittel- und langfristig erreichen? Welche Erfolge streben Sie an? Denken Sie dabei nicht nur an das Materielle, sondern auch an Aspekte wie Mitmenschliches, Anerkennung, Gesundheit, Umwelt.

3. Planen Sie den Weg zu Ihrem Ziel:

Legen Sie schriftlich fest, wie Sie von der Ausgangssituation zum angestrebten Ziel(zustand) kommen. Wen oder was brauchen Sie? Welche Maßnahmen und Einzelschritte sind nötig, um das Ziel zu erreichen?

4. Machen Sie einen detaillierten Zeitplan:

Welches Etappenziel wollen Sie morgen, in der nächsten Woche, im nächsten Monat erreichen, um Ihrem großen Ziel näher zu kommen? Gehen Sie einen Schritt nach dem anderen.

5. Vergleichen Sie ständig Position und Ziel:

Wie nahe sind Sie Ihrem Ziel bereits gekommen? Müssen Sie Ihren Plan ändern? Wenn Sie am Ziel sind: Feiern Sie das Erreichte – und erarbeiten Sie sich aus Ihren Wünschen neue, lockende Ziele.

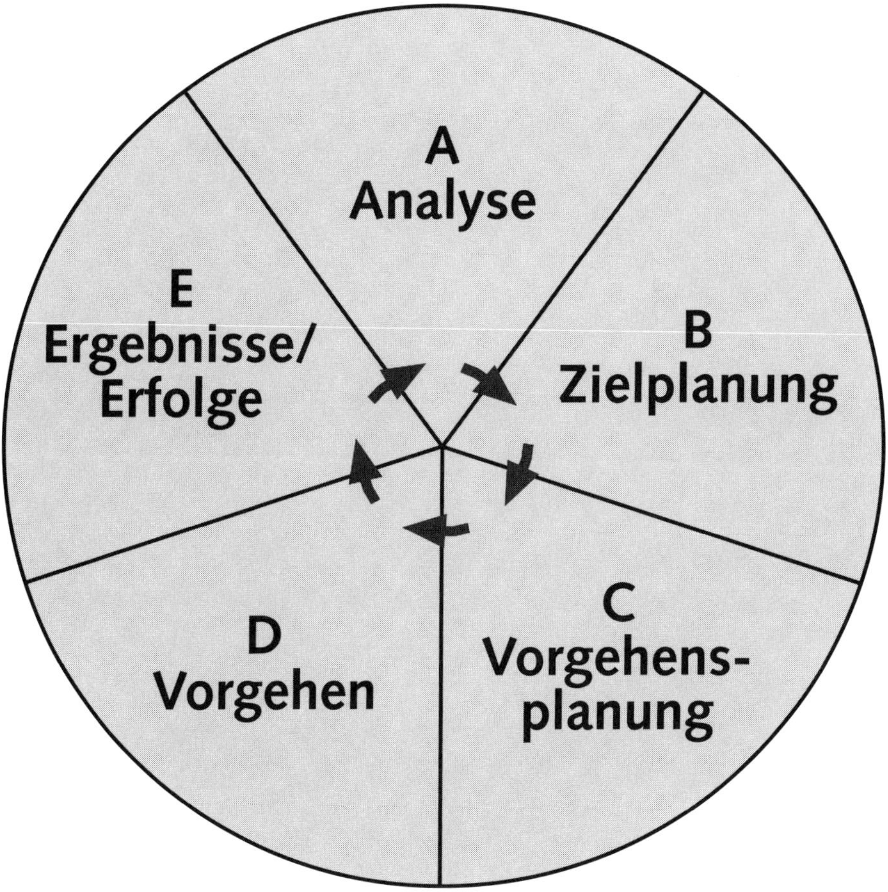

Der HelfRecht-Regelkreis für erfolgreiches Handeln

Was Sie in diesem Buch lesen können

▷ = Praxistipps, die Sie dabei unterstützen, erfolgreicher zu agieren

▶ = Anregungen, die Sie dazu anleiten, ganz systematisch und konkret an Ihrem persönlichen Erfolg zu arbeiten

Vorwort

Erfolg ist kein Zufall – Zukunft will gestaltet werden

„Die Erfolgreichen suchen sich die Umstände, die sie brauchen. Und wenn sie diese nicht finden, schaffen sie sich die Umstände selber."

(George Bernard Shaw)

Wir alle wollen Erfolg haben. Erfolg im Leben, Erfolg im Beruf, Erfolg in der Liebe, Erfolg im Sport, Erfolg bei Menschen ... Erfolg in vielerlei Hinsicht.

Erfolg kommt nicht von ungefähr – Erfolg will verursacht werden

Aber – ganz gleich, was ein jeder von Ihnen für sich selbst als Erfolg definiert: In aller Regel werden Sie sich anstrengen müssen, um erfolgreich zu sein. Erfolg kommt nämlich nicht von alleine. Und nicht von ungefähr. Erfolg will vielmehr vorbereitet, bewirkt, verursacht werden. Das wussten die Menschen bereits vor mehr als 2000 Jahren: „Jeder ist seines Glückes Schmied", dieser vom römischen Konsul Appius Claudius überlieferte Ausspruch sagt, worauf es ankommt: Verantwortung übernehmen für das eigene Leben, für den persönlichen Erfolg.

Sie müssen also die Sache selber in die Hand nehmen und die Weichen in Ihrem Leben aktiv und sehr bewusst auf Erfolg stellen. Wenn Sie nicht selber planen und damit die Weichen stellen, verlieren Sie den Einfluss auf Ihr Leben – Sie werden verplant, sind abhängig von der Weichenstellung anderer. Und damit abhängig vom Zufall sowie dem Wohlwollen der launischen Glücksgöttin Fortuna.

Nutzen Sie Ihre Gestaltungsmöglichkeiten

Wo können wir denn heutzutage überhaupt noch Einfluss nehmen? Doch nur im Kleinen – in unserem persönlichen Bereich, in unserem eigenen Leben. Diese Gestaltungsmöglichkeit sollten Sie nicht aus der Hand geben. Schöpfen Sie vielmehr diesen Freiraum aus. Übernehmen Sie die Initiative und planen Sie Ihren Erfolg im Berufs- und Privatleben.

Gerade wenn es in Ihrem Leben oder in Ihrem Beruf mal nicht so läuft, wie Sie sich das wünschen, gilt es, aktiv zu werden. Wer darauf hofft, dass sich die schwierige Situation von alleine bessert, dass sich Probleme und Krisen in Luft auflösen, der hofft meistens vergeblich. Wer auf den Erfolg wartet, der wird nie vorankommen. Sehen Sie deshalb Schwierigkeiten als eine positive Herausforderung – als eine tolle Chance, etwas zu verbessern.

Mit bewährter Technik Erfolg verursachen

In diesem Buch lernen Sie eine erprobte und bewährte Technik kennen, mit der Sie Ihre Zukunft erfolgreich gestalten können: Sie erfahren, wie Sie mit den Bausteinen des HelfRecht-Planungssystems Einfluss nehmen und Weichen stellen. Wie Sie ganz gezielt persönlichen, beruflichen oder auch unternehmerischen Erfolg verursachen. Wie Sie Mängel und Schwierigkeiten systematisch in den Griff bekommen. Wie Sie die richtigen Entscheidungen für Ihr Leben treffen. Wie Sie auch sehr anspruchsvolle Aufgaben bewältigen und Ihre Zukunftsziele Schritt für

Einfluss nehmen und Weichen stellen

Schritt erreichen. Kurz: Wie Sie Ihr Leben weitgehend selbstbestimmt gestalten.

Seit Jahrzehnten bewährtes System für Menschen, die etwas bewirken wollen

Bereits seit 1974 ist das Planungs- und Managementsystem von HelfRecht das Erfolgssystem für Unternehmer im wörtlichen Sinne. Für Menschen also, die wirklich etwas unternehmen wollen, die etwas bewegen, bewirken und gestalten wollen – ganz gleich, ob als Firmenchef, Abteilungsleiter, Elternbeirat, Vereinsvorsitzender, Gemeinderat oder als Privatperson. Mehrere Hunderttausend Menschen haben das HelfRecht-Planungssystem bereits als einfache Methode zum Planen und Erreichen von Zielen kennen und schätzen gelernt.

Anregungen für Erfolg im Führungsalltag

Gerade im Berufsleben ist Erfolg ohne Planung kaum möglich. Dies gilt insbesondere für Führungskräfte: Tag für Tag sind sie gefordert, Entscheidungen zu treffen und damit Weichen zu stellen. Dafür brauchen sie eine stabile Grundlage, denn ihre Entscheidungen können folgenschwere Auswirkungen haben. Zielorientiertes, verlässliches Handeln auf der Basis einer sorgfältigen Vorbereitung ist eine der wichtigsten Führungstugenden – und eigentlich eine selbstverständliche Verhaltensweise für alle, die etwas erreichen wollen. In diesem Buch erhalten Sie zahlreiche Anregungen, wie Sie die richtigen Entscheidungen in Ihrem Leben treffen und wie Sie mit dem HelfRecht-System Ihren Führungsalltag erfolgreich gestalten und bewältigen.

Handwerkskasten für Ihren Erfolg

Das Buch ist bewusst so aufgebaut, dass Sie sich nicht Kapitel für Kapitel durchkämpfen müssen. Sehen Sie es eher wie einen Handwerkskasten, aus dem Sie sich das Werkzeug herausnehmen, das Sie gerade brauchen. So können Sie sich sehr gezielt Unterstützung und Impulse für Ihre jeweilige Situation holen, indem Sie einzelne Erfolgsbausteine des HelfRecht-Systems oder auch einzelne Praxistipps herausgreifen, die Sie dann direkt für Ihren persönlichen Erfolg umsetzen. Nutzen Sie eine der großen Stärken dieses Systems: Es lässt ein großes Maß an Freiheit für die individuelle Anwendung und ist somit bedarfsgerecht und maßgeschneidert einsetzbar.

Stärken und Talente wirkungsvoll entfalten

Die Technik, die Sie in diesem Buch lernen, wird Ihnen helfen, Ihre Stärken und Talente wirkungsvoll zu entfalten, sich über Ihre Wünsche und Ziele klar zu werden, Ihren eigenen Weg zu bestimmen und zu gehen – kurz: Ihr Leben selbstbewusst nach Ihren Vorstellungen zu gestalten.

Erfolg ist das Erreichen der eigenen Ziele

So werden Sie erfolgreich – denn Erfolg ist stets das Erreichen der selbst definierten Ziele. Das gilt für den persönlichen, privaten Bereich ebenso wie für beruflichen oder unternehmerischen Erfolg.

Wir würden uns sehr freuen, wenn wir mit diesem Buch ein wenig dazu beitragen können, dass Sie stets Ihren eigenen Weg finden und möglichst viele Ihrer selbst definierten Ziele erreichen.

Dies ist unser Wunsch und Anliegen.

Die Autoren

Kapitel 1:

Planen hilft, die Zukunft erfolgreich zu gestalten

In diesem Kapitel 1 lesen Sie:

Erfolgreiche Menschen haben meist ein ganz einfaches Erfolgsrezept: Sie lassen ihr Leben nicht passiv geschehen, sondern bemühen sich, ihre Zukunft aktiv und selbstbestimmt zu gestalten.

Berufliche wie private Herausforderungen gehen diese Menschen stets sehr systematisch und zielorientiert an: Mit einer sorgfältigen schriftlichen Planung stellen sie die Weichen für den Erfolg ihres Handelns.

So erreichen sie ihre selbst definierten Ziele und haben ihr Leben jederzeit im Griff.

Erfolgsbaustein 1: Zukunftsorientierung

Erfolgreiche überlassen ihr Glück nicht dem Zufall

> *„Von den Unsicherheiten der Zukunft hängt ab, wer nicht versteht, in der Gegenwart für die Zukunft zu sorgen."*
>
> (Lucius A. Seneca)

„Wer nicht über die Zukunft nachdenkt, wird nie eine haben"

Nobelpreisträger sind gescheite Menschen. Was sagen sie zum Thema vorausschauende Planung? „Ich denke niemals an die Zukunft – die kommt von selber und früh genug", meinte der Physik-Nobelpreisträger Albert Einstein einmal ironisch. Etwas ernsthafter formulierte es Friedens-Nobelpreisträger Albert Schweitzer: „Mich interessiert vor allem die Zukunft, denn das ist die Zeit, in der ich leben werde." Ähnlich auch John Galsworthy, Literatur-Nobelpreisträger aus England: „Wer nicht über die Zukunft nachdenkt, wird nie eine haben."

Erfolgreiche Menschen werden Schweitzer und Galsworthy zustimmen. Sie sind es gewohnt, sich für die Zukunft zu interessieren, über die Zukunft nachzudenken. Denn sie wissen: Erfolg ist kein Zufall und kommt nicht von ungefähr. Erfolg braucht vielmehr sorgfältige Planung, will vorbereitet und verursacht werden.

In Technik, Architektur und vielen anderen Bereichen wird das als selbstverständlich akzeptiert. Doch in ihrem persönlichen Bereich, in ihrem eigenen Berufs- und Privatleben sträuben sich viele Menschen dagegen, ihr Handeln planerisch vorzubereiten. Dabei zeigt sich doch immer wieder, dass detailliertes Planen und systematisches, zielorientiertes Handeln in jedem Lebensbereich unverzichtbare Voraussetzungen sind, um gute Ergebnisse zu erzielen und erfolgreich zu sein.

Erfolgsrezept in fünf Schritten

„Erst denken, dann handeln"

Wir wollen Sie in diesem Buch ermuntern und bestärken, dem Beispiel erfolgreicher Menschen zu folgen. Auf die knappste Formel gebracht, lautet deren Erfolgsrezept: „Erst denken, dann handeln."

Mit den folgenden fünf Schritten stellen Erfolgsmenschen die Weichen:

1. Sie analysieren ihre jetzige Situation: Wo stehe ich heute?
2. Sie legen ihre Ziele fest: Wo will ich hin?
3. Sie planen den Weg zu jedem ihrer Ziele: Wie komme ich hin?
4. Sie richten ihr Handeln an ihren Zielen aus: Was tue ich wann?
5. Sie realisieren ihren Plan.

Erfolgreiche Menschen nehmen ihr Leben also selbst in die Hand. Konsequent bemühen sie sich, ihren Zielen jeden Tag ein Stückchen näher zu kommen. Bis sie dort sind. Dann nehmen sie

Erfolgreiche Menschen programmieren sich auf das Erreichen ihrer Ziele

sich das nächste Ziel vor. Durch dieses Vorgehen programmieren sie sich quasi auf Erfolg – sie konzentrieren ihr Denken, ihre Kreativität und ihre Kraft auf das Erreichen ihrer Ziele.

Systematisch planen, zielorientiert handeln

Dieses Lebensprinzip der Erfolgreichen lässt sich von jedem Menschen anwenden, der seine Zukunft selbstbestimmt gestalten will: systematisch planen und zielorientiert handeln. Anders ausgedrückt: Wer sich Gedanken macht, bevor er loslegt, wird mit seinem Tun erfolgreicher sein als derjenige, der alles auf sich zukommen lässt, und auch erfolgreicher als derjenige, der unvorbereitet voranstürmt.

So haben Sie sicher schon Situationen erlebt, in denen Sie durch Ärmel hochkrempeln und spontanes Handeln Großes erreicht haben. Wahrscheinlich aber waren die Situationen in der Überzahl, in denen eine Sache fehlschlug, wenn Sie diese vorschnell, unorganisiert, kurz: ohne Plan angegangen sind.

In der Regel ist Erfolg das Resultat guter Planung

Auch wenn manchmal das Glück zum Erfolg führt – in aller Regel ist Erfolg das Resultat von guter Planung und von unzähligen Einzelmaßnahmen in der richtigen Ablauffolge. So entsteht kein Haus durch einen glücklichen Zufall. Vielmehr ist eine gründliche, schriftliche Planung nötig, die festlegt, welche Arbeitsschritte in welcher Reihenfolge erledigt werden müssen, um ein stabiles Gebäude zu bauen, das über Jahrzehnte hinweg allen Stürmen widersteht.

Denken und Handeln in Etappen

Natürlich müssen wir nicht alle unsere alltäglichen Aktivitäten detailliert planen. Das wäre übertrieben und unnötige Zeitverschwendung. Sinnvoll beziehungsweise notwendig ist Planung aber immer dann, wenn wir es mit komplexen Aufgaben zu tun haben, die wir nicht in einem Schritt bewältigen können.

Komplexe Aufgaben erfordern sorgfältige Routenplanung

Dann erleichtert uns eine sorgfältige Routenplanung den langen, beschwerlichen Weg zum Ziel: „Der Mann, der den Berg abtrug, war derselbe, der angefangen hatte, kleine Steine wegzutragen." Das chinesische Sprichwort sagt, worauf es ankommt: Eine große Aufgabe in überschaubare Teilaufgaben zerlegen und diese Einzelschritte nacheinander gehen.

Die chinesische Weisheit betont aber noch etwas anderes: Wer sein Ziel erreichen will, wer Erfolg haben will, muss selber etwas tun. Die Steine selber aus dem Weg räumen. Aktivität ist also gefragt, dazu Verantwortungsbereitschaft, Mut und Selbstvertrauen sowie Kreativität und Phantasie.

Wer Erfolg haben will, muss selber etwas tun

Übernehmen Sie Verantwortung

Jammern und Klagen hat zwar immer Hochkonjunktur. Jammern und Klagen bringt aber keinen Schritt weiter! Jeder Mangel, jede schwierige Situation, ist eine Möglichkeit, etwas zu verbessern. Jammern Sie also nicht – sondern sehen Sie gerade Schwierigkeiten als Herausforderungen, Mängel und Krisen als Chancen.

Übernehmen Sie Verantwortung für Ihre Zukunft

Halten Sie es mit Albert Einstein: „Inmitten von Schwierigkeiten liegen günstige Gelegenheiten." Übernehmen Sie Verantwortung für Ihre Zukunft. Erkennen Sie Ihre günstigen Gelegenheiten und packen Sie diese am Schopf. Gehen Sie dabei systematisch vor: Analysieren Sie Ihre Situation. Formulieren Sie sich klare, lockende Ziele. Planen Sie den Weg zu diesen Zielen. Und machen Sie sich auf den Weg.

Ein solches Vorgehen führt fast automatisch zum Erfolg. Denn wer weiß, wo seine Reise hingehen soll und wie er an sein Ziel kommt, der weiß in jeder Situation, was er zu tun hat. Er ist weitgehend gefeit vor „unvorhersehbaren" Hindernissen und unliebsamen Überraschungen. Wer an seine Zukunft methodisch und geplant herangeht, kann ihr deshalb gelassen entgegensehen. Er wird auch in Krisenzeiten bestehen, Herausforderungen meistern.

Mit einem Wort: Er wird Erfolg haben. Denn Erfolg ist nichts anderes als das Erreichen der selbst bestimmten Ziele.

Erfolgsbaustein 2: Zielorientierung

Zielorientiertes Planen und Handeln führt zum Erfolg

> *„Der ziellose Mensch erleidet sein Schicksal, der zielbewusste gestaltet es."*
>
> (Immanuel Kant)

Im Zentrum der Zukunftsplanung stehen die Ziele. Motivierende, lockende Ziele nämlich sind für uns Menschen der stärkste Antriebsmotor: Sie geben unserem Handeln einen Sinn, steuern die Motivation, wecken die innersten Kräfte.

Ziele geben dem Handeln einen Sinn

Ohne Ziel ist eine Weichenstellung nicht möglich: Nur wer weiß, was er auf welchem Weg erreichen will, kann die notwendigen Schritte planen, kann aktiv und selbstbestimmt vorangehen. Wer keine Ziele hat, seine Aktivitäten nicht plant, keine Prioritäten setzt, wird schnell zum Spielball des Zufalls.

Gerade wer die vielfältigen Herausforderungen des Berufslebens erfolgreich bestehen möchte, kommt um gute Planung und zielorientiertes Handeln kaum herum. Dies gilt besonders für all diejenigen, die Verantwortung tragen:

- ☐ Unternehmer und Führungskräfte brauchen klare Ziele und durchdachte Pläne. Sie müssen konsequent zielorientiert planen und

Nötig sind klare Ziele und durchdachte Pläne

handeln, um erfolgreich zu sein und um ihre Firma und Mitarbeiter fit für die Zukunft zu machen.

Nur wer seine unternehmerischen Ziele kennt, kann für seine Firma sowie für seine Mitarbeiterinnen und Mitarbeiter ein maßgeschneidertes Fitnessprogramm festlegen. Zielorientiertes Planen und Handeln zeichnet deshalb den guten und erfolgreichen Unternehmer aus: Damit gibt er den Kurs an, damit führt und motiviert er seine Crew, damit bestimmt er maßgeblich das Bild des Unternehmens in der Öffentlichkeit.

Planen macht fit für die Zukunft

Ganz gleich, ob im Privatleben oder im beruflichen/unternehmerischen Bereich: Wichtig ist ein systematisches, methodisches Vorgehen. Der Regelkreis des HelfRecht-Planungssystems (siehe Abbildung Seite 31) verdeutlicht dies mit seinen fünf Schritten:

1. Analyse
2. Zielplanung
3. Vorgehensplanung
4. Vorgehen
5. Ergebnisse/Erfolge

Fit für die Zukunft

Wer seine momentane Situation mit all ihren Gefahren und Möglichkeiten gründlich analysiert, lockende Ziele definiert, dann den Weg vom Ist-Zustand zu den Zielen plant, systematisch verfolgt und dabei das Vorgehen permanent an der Planung misst, der macht sich (beziehungsweise sein Unternehmen) fit für die Zukunft.

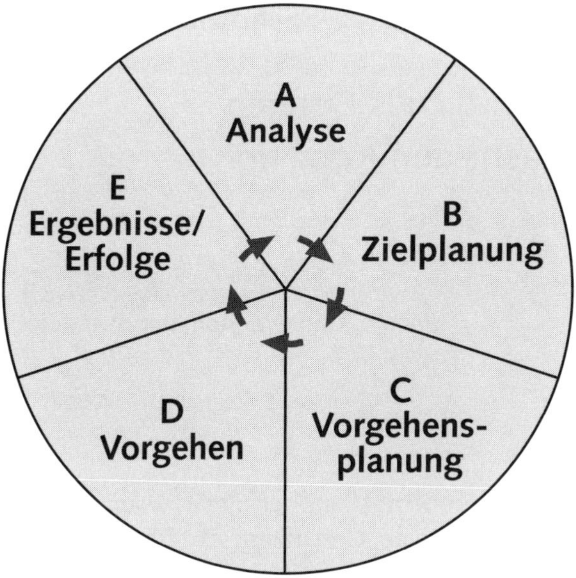

HelfRecht-Regelkreis für erfolgreiches Handeln

Zielorientiertes Planen und Handeln nach diesem Regelkreis erlaubt es Ihnen, die Realität immer wieder am Geplanten zu messen und gegebenenfalls korrigierend einzugreifen. Hat das bisherige Vorgehen die gewünschten Ergebnisse/Erfolge gebracht? Kommen wir unserem Ziel näher? Wenn nein, warum nicht? Wie können wir da gegensteuern? Diese permanente Analyse ist so jeweils wieder Ausgangspunkt für die weitere Planung und das weitere Vorgehen.

Wer diese Wechselwirkung zwischen Situationsanalyse und Zielplanung beachtet, lässt sich auch durch unvorhergesehene Entwicklungen nicht so leicht aus der Bahn werfen – das Abgleichen der neuen Situation mit dem geplanten Ziel führt zu geänderten Vorgehensplänen, die das Boot wieder auf den richtigen Kurs zusteuern lassen.

Erfolgsbaustein 3: Schriftlichkeit

Schriftliches Denken macht den Kopf frei

„Denn, was man schwarz auf weiß besitzt, kann man getrost nach Hause tragen."

(Johann Wolfgang von Goethe)

Wer zielgerichtet und erfolgswirksam denken will, muss seine Gedanken schriftlich niederlegen und ordnen. Arbeiten Sie bei Analyse und Planung deshalb nicht im Kopf, sondern mit Papier und Bleistift (oder Ihrer elektronischen Textverarbeitung). Nur in schriftlicher Form lassen sich Gedanken so übersichtlich und strukturiert darlegen, dass auch andere diese ohne Schwierigkeiten nachvollziehen und in die Tat umsetzen können.

Planen ist schriftliches Denken mit einer bestimmten Methode

Planen ist im Grunde nichts anderes als schriftliches Denken mit einer bestimmten Methode: Ideen zur Lösung einer konkreten Aufgabe werden zusammengetragen und sinnvoll geordnet.

Schreiben erweitert die geistigen Fähigkeiten

Bei überschaubaren Aufgaben und Projekten können Sie häufig sofort an die Lösung und Umsetzung gehen. So lassen sich beispielsweise einfache Rechenaufgaben (13 x 6) von den meisten Menschen noch im Kopf bewältigen:

Richtig – 78. Das Multiplizieren zweier vierstelliger Zahlen (beispielsweise 7345 x 3852) hingegen werden nur noch wenige Mathematikgenies im Kopf hinbekommen. Wer diese Multiplikation aber schriftlich aufteilt in mehrere kleine Rechenschritte, kommt mit dieser Methode recht schnell auf das richtige Ergebnis 28.292.940. Das schafft bereits ein Schulkind in der Grundschule.

Dieses einfache Beispiel macht deutlich, dass systematisches Vorgehen nach einer schriftlichen Denkmethode unsere geistigen Fähigkeiten stark erweitern kann.

Schriftliche Denkmethode erweitert unsere geistigen Fähigkeiten

Pläne ordnen die Gedanken

Das menschliche Gehirn ist zwar ein hervorragendes Werkzeug zum Denken – nicht jedoch zum strukturierten und übersichtlichen Aufbereiten komplexer Zusammenhänge. Denkprozesse laufen in aller Regel nicht systematisch ab, sondern ungeordnet, chaotisch, zufällig, intuitiv. Gerade starke Visionen entstehen häufig „wie von selbst“ vor dem inneren Auge, entwickeln sich unbewusst, unbeabsichtigt, unstrukturiert weiter.

Sobald es um komplexere Aufgaben geht, ist deshalb das schriftliche Denken der einzig richtige Weg. Das Aufschreiben bringt Ordnung in die unsystematische Vielfalt der Gedanken. Es strukturiert die Kreativität, richtet Ideenflut und Inspiration zielgerichtet auf den Erfolg hin aus. Kurz: Schreiben befreit das Gehirn und erhöht so unsere Denkkapazität.

Aufschreiben richtet Ideenflut und Inspiration zielgerichtet auf den Erfolg aus

Wann immer Menschen in der Geschichte Außergewöhnliches leisteten, hatten sie schriftliche Pläne. Gedanken und Zahlen auf Papyrus geschrieben oder in Tontäfelchen eingeritzt. Die sieben Weltwunder der Antike wären ohne schriftliches Vorausplanen allesamt nicht möglich gewesen.

Unüberschaubare Vielzahl von einzelnen Aktivitäten ist zu beachten

Gerade bei unternehmerischen Herausforderungen und Projekten ist das schriftliche Planen dem sofortigen Handeln weit überlegen. Meist ist eine unüberschaubare Vielzahl von einzelnen Schritten, Detailaktivitäten und Maßnahmen zu beachten. Die richtige Reihenfolge, die Gliederung, der Zeitbedarf, die Kosten, Zusammenhänge und Wechselwirkungen ... all das wird so komplex und unübersichtlich, dass es kein Mensch lückenlos im Kopf behalten und situationsgerecht kombinieren kann.

Machen Sie es sich deshalb zur Gewohnheit, vor dem Handeln innezuhalten und möglichst in schriftlicher Form nachzudenken.

Ohne die schriftliche Fixierung ist Planen kein Planen – man kann bestenfalls von Überlegen oder Grübeln sprechen. Und wir alle wissen ja: Grübeln belastet unser Denkvermögen mehr, als es uns zu Problemlösungen voranhilft. Schriftliches Planen und Arbeiten hingegen entlastet das Gehirn, bringt Ruhe und Gelassenheit. Ihr Kopf wird frei, hat Luft für kreative Denkarbeit und überraschende Problemlösungen.

Das schriftliche Arbeiten erleichtert auch das häufig erforderliche Planen in Entwurfsschritten. Kaum ein Projekt, kaum eine Aufgabe kann

Praxistipp Aufschreiben:

Schriftlich denken macht den Kopf frei

Bringen Sie Ihre Gedanken vom Kopf aufs Papier. Denn schriftliches Denken ...

- ▷ ... schafft Klarheit in Gedanken
- ▷ ... strukturiert die Ideenvielfalt
- ▷ ... befreit den Kopf vom Merkenmüssen
- ▷ ... bewahrt vor dem Vergessen
- ▷ ... macht Gedanken nachvollziehbar
- ▷ ... sorgt für Eindeutigkeit
- ▷ ... ermöglicht sachliche Bewertung
- ▷ ... macht Handeln kontrollierbar
- ▷ ... macht Fortschritt und Erfolg sichtbar
- ▷ ... steigert Ihre Zuverlässigkeit

Schriftliches Denken steigert die Zuverlässigkeit

in einem einmaligen „Kraftakt" bewältigt werden. Nötig ist es in aller Regel, die ersten Planungsentwürfe mehrfach zu „überschlafen" und zu überarbeiten. Im Kopf ist das nicht möglich.

Schriftliches Denken macht zuverlässiger

Nur gemerkt ist rasch vergessen

Auch zum längerfristigen Merken und Behalten ist das menschliche Gehirn nur bedingt geeignet. 90 Prozent aller Informationen sowie aller guten Einfälle und Gedanken gehen verloren, wenn sie nicht sofort umgesetzt, verarbeitet oder notiert werden.

Detailaktivitäten mit Papier und Bleistift vorbereiten

Gewöhnen Sie sich deshalb daran, Informationen, Termine und Aufgaben möglichst umgehend zu notieren und alle Detailaktivitäten mit Papier und Bleistift vorzubereiten (oder am PC – allerdings haben Sie den nicht immer dabei!). Durch dieses „schriftliche Denken“ vergessen Sie nichts mehr, werden zuverlässiger, berechenbarer, erfolgreicher. Und Sie werden automatisch ruhiger, gelassener, ausgeglichener und entspannter, wenn Sie sich nicht mehr alle Aufgaben mit den verschiedenen Einzelheiten hierzu merken müssen.

Schriftliche Planung ist somit auch ein Zeichen von Zuverlässigkeit Ihren Kunden und anderen Partnern gegenüber. Was würden Sie von einem Architekten halten, der Ihnen erklärt: „Schriftliche Pläne brauchen wir nicht für Ihr Haus. Ich habe alles im Kopf!“ Würden Sie ihm den Auftrag geben? Sicher nicht. Sie wollen wahrscheinlich erst einmal detailliert schwarz auf weiß sehen, was passieren soll und wie Ihr Traumhaus einmal aussehen soll, für das Sie Ihr Geld investieren. Anderes Beispiel: Hätten Sie Vertrauen zu Ihrem Steuerberater oder Rechtsanwalt, wenn der Ihre Angelegenheit nicht zu Papier bringt, sondern im Kopf bearbeitet?

Aus dem Bauch heraus – das kann gefährlich sein

Führungskräfte der Wirtschaft, ob Teamleiter oder Unternehmer, müssen schriftlich denken und planen, müssen ihre Gedanken auf dem Papier ordnen und strukturieren. Kreativ-intuitiv, aus dem Bauch heraus, hat sicher viele Qualitäten und manchen Vorteil. Als alleinige Denkform ist es jedoch höchst gefährlich für das Unternehmen wie auch für die persönliche Karriere dieser Führungskraft.

Gerade wer andere für seine Ideen gewinnen will, Mitarbeiter oder Geschäftspartner überzeugen und begeistern will, sollte dies berücksichtigen. Denn die schriftliche Darlegung von Fakten und Denkwegen zwingt zu einem methodischen, strukturierten Vorgehen, das auf dem Papier stets besser nachvollziehbar und deshalb in aller Regel weit wirkungsvoller und erfolgreicher ist als die mündliche Erklärung.

Pläne zeigen den Weg zum gemeinsamen Ziel

Vor allem dann, wenn andere Menschen in Planung und Vorgehen mit eingebunden werden sollen, sind schriftliche Pläne als Grundlage für eine reibungslose Zusammenarbeit unerlässlich: Sie zeigen allen Beteiligten den Weg zum gemeinsamen Ziel auf, geben ihnen Orientierung für alle Details ihres Handelns und wirken als Messlatte für den Erfolg des Handelns. Stellen Sie sich nur mal vor, Sie würden einem Baupolier seine Pläne wegnehmen – hektisches Durcheinander, gereizte Ratlosigkeit und miese Stimmung auf der Baustelle wären ebenso vorprogrammiert, wie ein Haus mit vielen Mängeln.

Schriftform macht Planung verbindlich und kontrollierbar

Die Schriftform macht Planung zudem verbindlich: Im Gespräch können Sie sich vage ausdrücken und unverbindlich bleiben. Auf dem Papier müssen Sie Farbe bekennen, müssen konkrete Aussagen und verbindliche Ziele formulieren. Gedanken schriftlich zu fixieren, ist deshalb der erste Schritt, diese auch tatsächlich umzusetzen. Aus Wollen wird Tun.

Praxistipp Emotionalität:

Schreiben Sie wichtige Texte mit der Hand

Während unserer Planungstage und in zahlreichen Kundengesprächen hören wir immer wieder eine erstaunliche Aussage:

„Texte, die mir wichtig sind, schreibe ich mit der Hand."

Und das nicht nur von der älteren „Vor-Computer-Generation", sondern auch von jungen Menschen, die mit PC, Laptop oder PDA groß geworden sind.

Woran liegt das?

Auch hier ähneln sich die Antworten: Die Arbeit an eigenen Zielen ist etwas sehr Emotionales. Handschriftliche Planung hat vor allem einen starken emotionalen Aspekt. Gedanken und Pläne, die ich mit meiner individuellen Handschrift und womöglich viel „Herzblut" schwarz auf weiß niederschreibe, sind weitaus persönlicher und tiefgehender als Aufzeichnungen, die ich mittels einer Tastatur am Bildschirm oder über ein berührungsempfindliches Display in einem Datenspeicher erzeuge – und mit einem Knopfdruck wieder löschen kann.

Wenn ich meine Planungen in ein schönes (Ring-)Buch schreibe, vielleicht sogar mit Ledereinband, verstärkt sich dieser emotionale Eindruck: Alleine schon der Griff des weichen Leders (das so genannte haptische Erlebnis), der vertraute Geruch, die radierten oder korrigierten Eintragungen, ja selbst Kaffeeflecken und Eselsohren am Papier – all das sind für viele Menschen persönliche emotionale Eindrücke, die mit bestimmten Lebenssituationen, Ereignissen und Gefühlen verbunden und darum besonders wertvoll sind.

Anregungen zur Problemlösung:

Nehmen Sie sich ein paar Minuten Zeit

Auch bei Entscheidungen und kleinen Problemen im Alltag hilft Ihnen das schriftliche Vorgehen, in wenigen Minuten zu guten Lösungen zu kommen.

Nehmen Sie drei Zettel. Beschriften Sie diese folgendermaßen:

Blatt 1 **Analyse:** Was ist das Problem? Um was geht es?
Blatt 2 **Ziel:** Was will ich erreichen? Wo soll es hingehen?
Blatt 3 **Weg:** Wen und was brauche ich? Was muss ich tun oder veranlassen?

Denken Sie jeweils kurz über die Fragen nach und schreiben Sie auf, was Ihnen dazu einfällt. Das kanalisiert Ihre Gedanken, die ansonsten im Kopf kreisen, sehr gezielt und wirkungsvoll. Sie kommen deutlich schneller zu einer richtigen Entscheidung oder einer geeigneten Problemlösung. Und haben dabei das gute Gefühl, alles Wichtige bedacht zu haben.

Kapitel 2:

Die Analyse der Ausgangssituation ist die Grundlage aller Planungen

In diesem Kapitel 2 lesen Sie:

Um persönliche Ziele und Erfolgsstrategien festlegen zu können, muss zunächst einmal der Startpunkt bestimmt werden: Grundlage jeglicher Planung ist deshalb immer eine sorgfältige Analyse der Ausgangssituation mit ihren Ursachen, Chancen und Gefahren.

In diesem Kapitel erfahren Sie, wie Sie mit einer systematischen Analyse Ihr Erfolgspotential erkennen und sich so eine stabile Basis für Ihre individuelle Erfolgsplanung schaffen.

Erfolgsbaustein 4: Situationsanalyse

Zielplanung beginnt mit der Analyse

> *„Das Problem zu erkennen, ist wichtiger, als die Lösung zu finden. Denn die genaue Darstellung des Problems führt fast automatisch zur richtigen Lösung."*
>
> (Albert Einstein)

Die meisten unserer Aktivitäten gehen von der Motivation aus, einen Zustand bewusst verändern zu wollen – oder zu müssen. Meist einen Zustand, der uns nicht beziehungsweise nicht mehr gefällt.

Was wollen Sie aus welchem Grund verändern?

Um erfolgreich verändern zu können, müssen wir uns über den tatsächlichen Auslöser im Klaren sein: Systematisch müssen wir ergründen, was wir aus welchem Grund verändern wollen. Erst nach dieser Diagnose können wir dann festlegen, welche Änderung mit welchem Ergebnis wir anstreben und was wir letztlich hierfür tun müssen.

Basis für alle weiteren Planungen

Grundlage unseres Handelns sollte also stets eine sorgfältige Analyse der Ausgangssituation mit ihren Ursachen, Chancen und Gefahren sein. Die Antworten auf Fragen zur aktuellen

Lage ergeben dann die Basis für alle weiteren Planungen und Handlungen. Ohne den Blick auf Vergangenheit und Gegenwart ist zukunftsorientiertes Denken und Planen nicht möglich. Darum hat die Analyse richtungsweisende Bedeutung.

Die Diagnose bestimmt die Therapie

Beim Arzt ist es selbstverständlich: Der Diagnose kommt die entscheidende Bedeutung zu – sie bestimmt die Therapie und ist somit der erste Schritt zur Heilung. Wird das Problem falsch beurteilt, gehen alle Lösungsversuche am Problem vorbei.

Im Privat- oder Geschäftsleben hingegen wird die Diagnose allzu häufig vernachlässigt. Beispielsweise von Führungskräften. Sie stehen unter permanentem Entscheidungsdruck – und allzu häufig entscheiden sie sehr schnell, weil sie meinen, die Sachlage sei „doch ganz klar". Das ist sie aber leider in den seltensten Fällen. Meist ist eine Situation sehr vielschichtig, so dass der Kern eines Problems eben nicht offen liegt und zunächst das „Problem hinter dem Problem" entdeckt und herausgearbeitet werden muss.

Arbeiten Sie das „Problem hinter dem Problem" heraus

Schauen Sie unter die Oberfläche

Gerade dann, wenn Sie Schwachstellen und Mängel beseitigen wollen, ist es unerlässlich, mit der Analyse sehr genau unter die Oberfläche zu schauen. Nur so stellen Sie beispielsweise fest, dass Ihre Umsatzprobleme (= festgestellter Mangel) nicht, wie bisher gedacht, durch Qualitätsmängel Ihres Produktes (= vermutete Ursache) verursacht werden. Auslöser ist vielmehr eine ungenügende Betreuung Ihrer Kunden nach dem Kauf (= tatsächliche Ursache). Diese Diagnose „mangelhafter after-sales-service" verlangt eine gänzlich andere Therapie, als wenn Sie beim Produkt ansetzen müssten.

Viele Firmenchefs und Führungskräfte unterschätzen die grundlegende Bedeutung einer sorgfältigen und realistischen Unternehmensanalyse. Selbst bei wichtigen Entscheidungen und Projekten handeln sie nicht selten nach der Devise „management by surprise": Erst machen, dann von den Folgen überraschen lassen. Die Ergebnisse sind dementsprechend...

Planung ohne Analyse kann richtig ins Geld gehen

Es bestätigt sich immer wieder: Wenn Pläne scheitern, liegt es in sehr vielen Fällen daran, dass im Vorfeld nicht oder nicht sorgfältig analysiert wurde. Das ist nicht nur gefährlich, sondern im unternehmerischen Bereich fast schon fahrlässig: Kann doch eine Planung, die nicht auf einer stabilen Analyse fußt, Schäden verursachen, die richtig ins Geld gehen können.

Analysieren Sie im Detail

Blicken Sie unter die Oberfläche

Ganz gleich, ob Sie einen Mangel beseitigen, ein Projekt starten oder sonst eine Aufgabe bearbeiten wollen: Erster Schritt sollte stets eine gründliche Situationsanalyse sein (siehe „Anregungen zur Situationsanalyse" auf Seite 48). Listen Sie dabei nicht nur die Fakten auf. Blicken Sie unter die Oberfläche. Machen Sie sich vor allem bei Mängeln und Problemen detailliert bewusst, welche Ursachen dazu geführt haben und was wohl passieren wird, wenn sich an diesen Punkten nichts ändert. Und prüfen Sie genau, welche

Chancen Ihnen die momentane Lage bietet – so können Sie auch in schwierigen Zeiten frühzeitig Erfolg versprechende Wege erkennen und vielleicht den entscheidenden Tick schneller sein als andere.

Diese Problemdiagnose zeigt Ihnen erste Wege und Lösungsansätze auf und programmiert zudem Ihr Unterbewusstsein darauf, weitere Lösungen zu finden. Und sie hilft Ihnen, Ihre Kräfte konzentriert einzusetzen, um Mängel gezielt zu beseitigen. In eine gute Analyse Zeit zu investieren, zahlt sich also auf jeden Fall aus.

Es zahlt sich aus, Zeit in eine gute Analyse zu investieren

Wechselwirkungen im vernetzten System

Ein Unternehmen ist ein Netzwerk von Menschen und Funktionen, die miteinander etwas bewirken. Bedingt durch Vernetzungen zwischen Abteilungen, Teams und Gruppen entstehen bei jedem Eingriff Wechselwirkungen in verschiedene Richtungen. Nicht selten mit unerwünschten Nebeneffekten, die das Ziel gefährden oder gar zunichte machen können. Vor dem Handeln muss deshalb die sorgfältige Analyse des vernetzten Unternehmenssystems stehen.

Wichtig für eine umfassende Unternehmensanalyse: Analysieren Sie nicht nur die „harten" ZDF-Faktoren (Zahlen, Daten, Fakten). Berücksichtigen Sie ebenso die „weichen" Kriterien wie Zufriedenheit der Mitarbeiter, Betriebsklima, Kundenorientierung, Servicequalität und Ähnliches. Denken Sie auch daran, dass Bilanzen vergangenheitsorientiert und deshalb zum Abschätzen künftiger Chancen und Entwicklungspotentiale nur bedingt geeignet sind.

Anregungen zur Situationsanalyse:

Analysieren Sie nicht nur die Fakten

Grundlage jeder Planung ist eine sorgfältige Analyse der Ausgangssituation mit ihren Ursachen, Chancen und Gefahren. Diese Problemdiagnose hat richtungsweisende Bedeutung. Sie zeigt bereits erste Lösungswege auf und programmiert zudem das Unterbewusstsein darauf, weitere Lösungen zu finden.

Ist-Zustand

- Wie stellt sich die aktuelle Situation dar?
- Was will oder muss ich (wollen/müssen wir) an dieser Situation verändern/verbessern?
- Warum sind diese Änderungen notwendig?

Ursachen

- Wie, wann und durch wen kam es zu dieser Situation, die ich ändern will? (Beschreiben Sie nur die Ursachen, keine Schuldigen.)
- Was habe ich getan oder unterlassen, dass es zu dieser Situation kam?
- Warum wurde die Situation bislang nicht verändert?

Gefahren

- Was geschieht, wenn sich an der aktuellen Situation nichts ändert?
- Welche materiellen Nachteile drohen welchen Personen oder Institutionen?
- Welche Auswirkungen auf meinen/unseren guten Ruf sind zu befürchten?
- Welche unternehmensinternen Auswirkungen sind zu befürchten?
- Verlieren wir womöglich Kunden oder den Anschluss am Markt? Im Privatbereich: Verliere ich womöglich Freunde oder Bekannte?

Folgerungen

- Welche Ziele und Aufgaben ergeben sich aus dieser Analyse?

Die Antworten auf Fragen zur Ausgangssituation ergeben die Basis für alle weiteren Planungen und Handlungen. Für die nötigen Steuerungsimpulse hat die Unternehmensanalyse richtungsweisende Bedeutung. Vor allem geht es bei der Analyse darum, die Individualität und „Persönlichkeit" des Unternehmens mit seinen Stärken und Schwächen zu erkennen und richtig zu werten.

Unternehmer müssen nämlich das Rad nicht ständig neu erfinden. Erfolg versprechender als Innovationen ist das Optimieren des Bestehenden. Der renommierte US-Managementberater Peter F. Drucker zitiert gerne das japanische Erfolgsrezept: „Die größten Erfolge erreicht man nicht mit dem Erlernen von Neuem, sondern dort, wo man Dinge besser tut, die man schon bisher gut getan hat."

Erfolgsrezept: „Dinge besser tun, die man schon bisher gut getan hat"

☐ Schreiben Sie doch einmal auf, was Sie heute schon besonders gut tun und warum dies so ist. Wer weiß: Vielleicht kommt Ihnen beim Schreiben ganz von alleine eine Idee, wie Sie es noch besser machen können.

Die Analyse dessen, was Sie besonders gut können, hilft Ihnen, sich auf Ihre Kernkompetenzen zu konzentrieren, und bewahrt Sie so davor, sich zu verzetteln. Wenn Sie sich zu viel auf einmal vornehmen (auf zu vielen Hochzeiten gleichzeitig tanzen) oder wenn Sie Ihre Kräfte auf ungeeigneten „Spielfeldern" auspowern, werden Sie rasch ermüden (Stichwort: Burn-out-Syndrom) und wenig schaffen.

Kräfte auf Kernkompetenzen konzentrieren

Nach der Analyse nicht gleich loslegen

Vor dem Handeln sollten Sie noch Ihre Ziele und das geeignete Vorgehen festlegen

Die Antworten auf die Analyse der Ausgangssituation geben Ihnen bereits eine Fülle von Informationen und Anregungen für Ihr individuelles „Fitnessprogramm", mit dem Sie sich selber oder Ihr Unternehmen leistungs- und erfolgsfähiger machen können. Jetzt geht es darum, auf der einen Seite Bewährtes und Erfolgswirksames zu stabilisieren, auf der anderen Seite aber notwendige Veränderungen anzustoßen. Aber legen Sie bitte nicht gleich los. Denn zwischen Analyse und Aktion sollten Sie zunächst noch klare und eindeutige Ziele definieren sowie schriftlich festlegen, wie Sie die einzelnen Ziele erreichen.

Praxistipps zur Analyse:

Nehmen Sie sich Zeit für Ihre Diagnose

▷ Analysieren Sie nicht im Kopf. Das sind allenfalls Überlegungen oder Spekulationen. Ihre Analyse sollte stets eine gründliche, schriftliche Ausarbeitung sein, um auch wirklich alles zu bedenken.

▷ In manchen Fällen kann es sinnvoll und nützlich sein, in die Analyse auch das Denken anderer Menschen mit einzubeziehen. Deren Lebenserfahrung und deshalb andere Sicht der Dinge kann den einen oder anderen wertvollen Impuls liefern. Das können Gespräche mit Freunden oder Kollegen sein, ebenso aber auch Gespräche mit Beratern und Experten eines bestimmten Fachgebietes. Fragen Sie gezielt unterschiedliche Ratgeber: So sieht beispielsweise der Optimist die Chancen einer Situation, während sich der Pessimist eher auf die möglichen Gefahren konzentriert. Beides kann für Sie sehr aufschlussreich und wertvoll sein.

▷ Lassen Sie Ihrem Unterbewusstsein Zeit. Überschlafen und überarbeiten Sie Ihre Analyse mehrfach. Oft tauchen erst Tage später in unserem Denken völlig neue Problemlösungen auf. Ausgelöst und angestoßen durch das analytische Denken.

▷ Vor größeren Herausforderungen kann sich die Analysephase über viele Tage oder mehrere Wochen hinziehen. In einem solchen Fall hat es sich bewährt, die einzelnen Fragen auf Notizzettel zu schreiben (beispielsweise die AM2-Zettel für den Helf-Recht-Planer), die Sie ständig mit sich führen. Auch wenn Sie unterwegs sind, können Sie somit gezielt nach Informationen recherchieren oder an diesen Fragen arbeiten.

Anregungen zur persönlichen Situationsanalyse:

Erkennen Sie Ihr individuelles Erfolgspotential

Mit einer gründlichen Analyse beleuchten Sie alle Facetten Ihrer persönlichen Situation. Damit schaffen Sie sich eine stabile Basis für Ihre persönliche Erfolgsplanung. Deshalb sollten Sie sich für diese Vorarbeit viel Zeit und Ruhe nehmen*.

Hierzu können wir Ihnen an dieser Stelle natürlich nur ein paar wenige Anregungen geben. Mehr als der Ansatz für eine persönliche Kurzanalyse ist nicht möglich, ohne den Rahmen dieses Buches zu sprengen:

1. Ich beschreibe meine **Begabungsstärken** und beantworte dazu die folgenden Fragen: Was mache ich gern? Was mache ich gut? Mit welchen meiner Begabungsstärken und Fähigkeiten biete ich welchen Menschen welchen Nutzen?

2. Meine wichtigsten (etwa vier bis sechs) **negativen Lebenssituationen** (wann fühlte ich mich unterlegen, wann hatte ich welche Misserfolge, mit welchen Personen gab es Konflikte)? Soweit ich mich erinnern kann, schreibe ich zu den einzelnen Erlebnissen auch die Jahreszahl.

3. Meine wichtigsten (etwa vier bis sechs) **positiven Lebenssituationen** (wann fühlte ich mich souverän, wann hatte ich welche Erfolge, mit welchen Personen harmonierte ich besonders gut)? Soweit ich mich erinnern kann, schreibe ich zu den einzelnen Erlebnissen auch die Jahreszahl.

4. Welche **Tendenzen** erkenne ich in den negativen und in den positiven Lebenssituationen? Ich prüfe dies unter verschiedenen Aspekten, beispielsweise persönliche Stärken und Schwächen, Zielorientierung, Kontaktfähigkeit, Führungsstil, Teamfähigkeit, Begeisterungsfähigkeit ...

5. Welche **Mängel, Probleme, Schwierigkeiten und Gefahren** empfinde ich in meiner derzeitigen **privaten Situation**? Was möchte oder muss ich ändern/verbessern?

6. Welche **Chancen, günstigen Umstände und Vorteile** empfinde ich in meiner derzeitigen **privaten Situation**?

7. Welche **Mängel, Probleme, Schwierigkeiten und Gefahren** empfinde ich in meiner derzeitigen **beruflichen Situation**? Was möchte oder muss ich ändern/verbessern?

8. Welche **Chancen, günstigen Umstände und Vorteile** empfinde ich in meiner derzeitigen **beruflichen Situation**?

9. Welche **privaten Ziele** sind mir für die nächsten zwölf Monate am wichtigsten?

10. Welche **beruflichen Ziele** sind mir für die nächsten zwölf Monate am wichtigsten?

Legen Sie sich pro Frage ein eigenes Blatt an und sammeln Sie dort Ihre Ideen, die Sie monatlich (oder zumindest halbjährlich) bearbeiten.

* Wenn Sie an einer wirklich umfassenden Analyse Ihrer Situation als Ausgangspunkt für eine Erfolg versprechende Zielplanung interessiert sind, empfehlen wir Ihnen die Teilnahme an den HelfRecht-Planungstagen für den persönlichen Erfolg.

Anregungen zur grundlegenden Unternehmensanalyse:

Stellen Sie Ihre Firma auf den Prüfstand

Eine grundlegende individuelle Unternehmensanalyse gibt Ihnen Auskunft über die bisherige Entwicklung und den aktuellen Stand der Firma:

- Welchen Nutzen hat unser Unternehmen bisher welchen Menschen/Gruppen geboten?
- Wie hat sich unser Leistungsprogramm entwickelt? Welche Stärken und welche Mängel hat es derzeit?
- Wie haben sich Zielgruppe und Kundenkreis entwickelt? Wie sieht es aktuell aus?
- Wie haben sich Umsatz und Gewinn entwickelt? Wie sieht es aktuell aus?
- Welche Erfolge haben wir bisher erreicht? Welche Ursachen und Gründe hatten diese Erfolge?
- Wie sahen unsere bisherigen Misserfolge aus? Welche Ursachen und Gründe führten zu diesen Misserfolgen?
- Welche Vorzüge zeichnen unser Unternehmen aus? Welche weiteren Vorzüge wollen wir unserem Unternehmen geben?
- Welche (besonderen) Anforderungen stellen Markt und Kunden heute und künftig an unser Unternehmen? Wie können wir diese erfüllen?

Sehen Sie diese Fragen bitte nur als Anregung. Überlegen Sie, welche weiteren Analysepunkte für Ihr Unternehmen und Ihre Situation relevant sind. Legen Sie sich pro Frage ein eigenes Blatt an und sammeln Sie dort Ihre Ideen, die Sie monatlich (oder zumindest halbjährlich) bearbeiten.

Listen Sie dabei nicht nur die Fakten auf, sondern machen Sie sich vor allem bei den Mängeln und Misserfolgen bewusst, welche Ursachen dazu geführt haben und was passieren könnte, wenn sich an diesen Punkten nichts ändert.

Anregungen zur Analyse der Unternehmenschancen:

Untersuchen Sie systematisch und detailliert

Mit der Grundlagenanalyse (siehe Anregungen Seite 54) durchleuchten Sie in erster Linie die Vergangenheit der Firma. Nach dieser Basisarbeit sollten Sie sich die aktuelle Situation einmal gezielt unter verschiedenen Aspekten und im Detail ansehen.

Richten Sie Ihren Blick dabei vor allem auf die Chancen. Damit schaffen Sie sich eine gute Ausgangslage für eine Erfolg versprechende individuelle Unternehmensstrategie.

1. **Kunden:** Wie können wir unseren Kunden noch mehr Nutzen bieten, wie können wir sie noch mehr begeistern, noch besser zufrieden stellen? Sind eventuell Änderungen bei der Definition beziehungsweise Ansprache unserer Zielgruppe(n) nötig?

2. **Kooperationen:** Bewegen wir uns im Rahmen unserer Kernkompetenz oder sind hier Änderungen notwendig? Welche? Sollten/müssen wir Leistungen zukaufen? Können uns Partnerschaften helfen, unsere Ziele zu erreichen? Sollten/müssen wir bestehende Kooperationen beenden?

3. **Produkte/Dienstleistungen:** Ist unser Leistungsangebot auf die Bedürfnisse des Marktes ausgerichtet? Welche Änderungen sind gegebenenfalls notwendig?

4. **Organisation:** Passt die Aufgabenverteilung in unserem Team oder muss ich die Hauptaufgaben meiner Mitarbeiterinnen und Mitarbeiter neu organisieren? Kennt jeder im Team Aufgaben und Kompetenzen? In welchen Bereichen ist eventuell eine externe Unterstützung sinnvoll/nötig? Wie kann ich die Kommunikation im Unternehmen/im Team verbessern?

5. **Mitarbeiterinnen/Mitarbeiter:** Welche Chancen oder Notwendigkeiten ergeben sich im Bereich Mitarbeiterführung/-entwicklung? Welche Mitarbeiterinnen und Mitarbeiter kann/sollte ich auf welche Weise fördern? Wie kann ich Motivation und Identifikation im Team weiter steigern? Welche Weiterbildung ist nötig/sinnvoll?

6. **Finanzen:** Liegen wir im Rahmen unserer Finanzplanung? Wie entwickeln sich Einnahmen und Kosten? Welche Investitionen/Ausgaben stehen an? Welche Möglichkeiten sehe ich für zusätzliche Einnahmen oder für eine Kostenreduzierung?

7. **Marktauftritt:** Passen unser Auftritt am Markt und unser Erscheinungsbild (Corporate Design)? Wie kann ich die Öffentlichkeitsarbeit unseres Unternehmens unterstützen/verstärken? Womit kann ich zu mehr Bekanntheit und zum guten Ruf unserer Firma beitragen?

Anregungen zur Analyse eines Unternehmensbereiches:

Durchleuchten Sie Ihren Verantwortungsbereich

Nach dem gleichen Muster können Sie auch Teilbereiche Ihrer Firma beziehungsweise Ihren individuellen Verantwortungsbereich unter die Lupe nehmen – als Grundlage für eine gezielte Optimierung:

- Welche Schwächen und Probleme erkenne ich bei Organisation und Arbeitsabläufen in meinem Verantwortungsbereich?
- Welche Stärken erkenne ich bei Organisation und Arbeitsabläufen in meinem Verantwortungsbereich?
- Welche Faktoren beeinträchtigen die Kommunikation in meinem Verantwortungsbereich sowie die Kommunikation und Zusammenarbeit mit anderen Bereichen?
- Mit welchen anderen Bereichen arbeiten und kommunizieren wir aus welchen Gründen sehr gut zusammen?
- Bei welchen Mitarbeiterinnen und Mitarbeitern in meinem Verantwortungsbereich bin ich aus welchem Grund mit Leistung, Verhalten oder Motivation nicht zufrieden? Von welchen Mitarbeiterinnen/Mitarbeitern bin ich abhängig? Was möchte ich ändern (beispielsweise personelle Umbesetzung, Neueinstellung, Weiterbildung)?
- Welche Leistungsträger erkenne ich in meinem Bereich? Was schätze ich besonders an diesen Personen? Wen möchte ich wie fördern?
- Wie praktizieren wir in meinem Verantwortungsbereich Kundennähe? Kennen wir die Wünsche unserer Kunden? Welche Defizite gibt es hier? Was sind die Ursachen dafür? Wie verfahren wir mit Reklamationen?

- Welche Stärken haben wir in der Kundenbetreuung? Welches sind die Ursachen dafür?

- Durch welche negativen Faktoren wird die Situation meines Verantwortungsbereichs sonst noch beeinträchtigt?

- Durch welche positiven Faktoren wird die Situation meines Verantwortungsbereichs sonst noch beeinflusst?

- Welche Möglichkeiten zur Verbesserung sehe ich im Produkt-/Dienstleistungsprogramm unseres Unternehmens?

- Welche Stärken sehe ich im Produkt-/Dienstleistungsprogramm unseres Unternehmens? Was sind die Gründe dafür?

- Wie praktiziere ich Führung? Welche Defizite gibt es dabei? Was sind die Gründe dafür?

- Welche positiven Aspekte gibt es bei meinem Führungsstil? Welche Gründe gibt es dafür? Wie gehe ich mit Lob und Anerkennung um?

Erfolgsbaustein 5: Auswertung

Ziehen Sie die richtigen Schlüsse aus Ihrer Analyse

> *„Geringfügige Chancen sind schon oft der Beginn großer Unternehmungen geworden."*
>
> (Demosthenes)

Wohlgemerkt: Die Analyse allein führt nicht automatisch zum Erfolg – entscheidend ist es, die richtigen Schlüsse daraus zu ziehen. Das zeigt beispielhaft die Geschichte von den zwei Schuhverkäufern, mit der schon Generationen von Verkäufern auf eine positive Einstellung eingeschworen werden sollten:

Auf die eigene Einstellung kommt es an

Unabhängig voneinander wurden die zwei Schuhverkäufer von ihrer Firma nach Afrika geschickt, um dort den Verkauf anzukurbeln. Nach zwei Tagen meldet sich der erste: „Ich sehe schwarz für uns! Nur sechs von 100 Menschen tragen hier Schuhe. Wie soll ich denn da überhaupt etwas verkaufen!? Ich fliege am Wochenende zurück." Sein Kollege ruft etwa zur gleichen Zeit an: „Super! Ein Riesenmarkt für uns: Nur sechs von 100 Menschen tragen hier Schuhe. Bitte schicken Sie mir so schnell wie möglich 1000 Paar."

Es liegt an jedem Menschen selber

Zugegeben, diese Geschichte ist ziemlich schwarzweiß und abgedroschen. Aber sie symbolisiert sehr pointiert eine der (nicht nur für Verkäufer) wesentlichen Erfolgskomponenten: Es liegt an jedem Menschen selber, was er aus der aktuellen Situation macht. Wer resignierend feststellt, dass er ja eh´ nichts ändern kann, der wird auch nichts ändern und wird über kurz oder lang scheitern – Murphys Gesetz eben.

Wer nur überlegt, was schief gehen könnte, blockiert sich selbst

Denn wer ständig nur überlegt, was schief gehen könnte, wer ständig weiß, dass dieses oder jenes sowieso nicht klappt, dass ein Vorschlag nicht funktioniert, die Diskussion nichts bringt, die Anstrengungen vergeblich sind, der blockiert sich selbst in seiner Energie, Leistungsfähigkeit, Kreativität und Innovationskraft.

Wer an sich glaubt, ist auf dem Erfolgsweg

Wer hingegen an seine Stärken und Visionen glaubt und daraus für sich und sein Unternehmen lockende Ziele erarbeitet, der ist auf dem Erfolgsweg. Denn lockende Ziele sind der stärkste Antriebsmotor für Erfolg.

Negativpunkte als Chancen verwerten

Prüfen Sie deshalb stets, wie Sie Negativpunkte Ihrer Analyse als Chancen verwerten können. Manche Schwäche stellt sich ja bei näherem Hinsehen vielleicht sogar als Stärke heraus.

Bei den Planungstagen hatte beispielsweise ein Unternehmer die Stärken und Schwächen seines Teams analysiert. Insbesondere machte er sich Gedanken über zwei Mitarbeiter, mit deren Leistungen er überhaupt nicht zufrieden war. Der eine war im Verkauf tätig – allerdings wenig erfolgreich, weil er mit übersteigerter Gewissenhaftigkeit jeden Arbeitsschritt mehrfach überprüfte und absicherte. Der andere kam mit seinen Aufgaben in der Buchhaltung nicht so recht klar – offensichtlich lagen ihm die trockene Zahlenwelt und die ausschließliche Arbeit am Schreibtisch nicht so ganz. Der Unternehmer kam durch seine Analyse zum Ergebnis, dass beide Mitarbeiter nicht im Kernbereich ihrer Begabungen und persönlichen Stärken eingesetzt waren. Ein Arbeitsplatztausch führte dazu, dass die beiden innerhalb kurzer Zeit zu wertvollen Leistungsträgern der Firma wurden.

Manche Schwäche kann – an anderer Stelle – auch eine Stärke sein

Anregungen zur Auswertung der Analyse:

Bestimmen Sie aussichtsreiche Aufgaben

Wenn Sie die Fragen einer Analyse beantwortet (und eventuell nach ein- oder mehrmaligem Überschlafen noch einmal überarbeitet) haben, sollten Sie sich darüber klar werden, was Ihre Antworten für Sie bedeuten.

Die Problemdiagnose zeigt Ihnen erste Wege und Lösungsansätze auf und programmiert zudem Ihr Unterbewusstsein darauf, weitere Lösungen zu finden. Sie hilft Ihnen auch, mit einer gründlichen Planung selbstbewusst darüber nachzudenken, was Sie aus Ihrer jetzigen Situation machen können.

Auswertung:

Um die mit der Analyse festgestellten Mängel, Gefahren, Schwierigkeiten und Probleme in den Griff zu bekommen und ins Positive zu entwickeln, ergeben sich für mich verschiedene Aufgaben. Ich erstelle eine Liste der dringendsten und aussichtsreichsten Ziele und Aufgaben. Innerhalb dieser Liste setze ich folgende Prioritäten:

1. Sofort zu planende und zu realisierende Ziele und Aufgaben.
2. Zwar dringende Ziele und Aufgaben, zu deren Verwirklichung ich aber sehr geringe oder keine Chancen sehe.
3. Ziele und Aufgaben, die vorerst ohne Schaden für mich oder andere (Familie, Freunde, privates Umfeld – Unternehmen, Mitarbeiter, Kunden, Lieferanten ...) zurückgestellt werden können.

Aufgaben:

Folgende Aufgaben sind die aussichtsreichsten, um die Ziele in meinem Leben/beruflichen Verantwortungsbereich zu erreichen. In einer Liste mit drei Prioritäten-Gruppen führe ich diese Aufgaben auf:

1. Größter Nutzen für alle Beteiligten und Betroffenen.
2. Mittelmäßiger Nutzen für alle Beteiligten und Betroffenen.
3. Geringer Nutzen für alle Beteiligten und Betroffenen.

Umsetzung:

Anregungen, wie Sie diese Erkenntnisse aus Ihrer Analyse dazu nutzen, die Situation systematisch und zielgerichtet zu optimieren, erhalten Sie in den nächsten Kapiteln 3 bis 5.

Erfolgsbaustein 6: Schnell-Analyse

Sieben Checklisten für die „Zwischendurch-Analyse“

> *„Erfolg hat nur, wer etwas tut, während er auf den Erfolg wartet.“*
>
> (Thomas Alva Edison)

Eine ins Detail gehende Analyse von Unternehmensstärken sowie von Mängeln, Fehlern und Reklamationen hilft Ihnen in erster Linie bei der Positionierung Ihrer Firma oder Marke. Diese gründliche Bestandsaufnahme ist Basis für Ihre mittel- bis langfristigen Unternehmensstrategien und -pläne.

In diesem Text stellen wir Ihnen nun eine „Schnell-Analyse“ vor, die sich mehr an den Alltagsentscheidungen orientiert. Geschickte Unternehmensführung erfordert nämlich die Kunst der Balance: langfristig erfolgreich sein – und gleichzeitig das laufende Geschäft in der Hand zu behalten.

Aus der Praxis entstandene Sammlung von Analysefragen

Diese „Schnell-Analyse“ ist eine aus der Praxis entstandene Sammlung von Analysefragen. Die Überschriften dieser sieben Checklisten sollten Sie als Stichworte stets bei sich tragen. So haben Sie immer und überall die Möglichkeit, an Ihrer Unternehmensanalyse zu arbeiten, beispielsweise während der Wartezeit am Flughafen oder beim Arzt.

Die sieben Stichworte umschreiben die sieben Analysefelder:

1. Marktpreise/Deckungsbeitrags-Situation
2. Kosten
3. Umsatz
4. Finanzlage
5. Mitarbeiterinnen/Mitarbeiter
6. Lieferanten/Berater
7. Abhängigkeiten

Über diese sieben Punkte sollten Sie regelmäßig einmal im Monat nachdenken. Oder auch immer dann, wenn Sie ein paar Minuten Luft haben.

Sehen Sie die folgenden Fragen zu den sieben Oberbegriffen bitte nur als Gedankenanregung. Prüfen Sie, welche Fragen außerdem noch für Ihre individuelle Unternehmenssituation relevant sind, und ergänzen Sie diese. So schaffen Sie sich ein Analyseinstrument, das genau für Ihre Bedürfnisse maßgeschneidert ist.

Gedankenanregungen zu sieben Analysefeldern

1. Marktpreise/Deckungsbeitrags-Situation

- ☐ Wie und wann können wir unsere Preise bei den Kunden durchsetzen?
- ☐ Wie liegen wir mit unseren Produkten und Dienstleistungen im Vergleich der Marktpreise?
- ☐ Welchen Nutzen und Zusatznutzen bieten wir gegenüber unseren schärfsten Wettbewerbern?
- ☐ Welche Argumentationshilfen können wir zusätzlich im Verkauf verwenden?

- ☐ Was bringen gegebenenfalls Preisanpassungen?
- ☐ Sollten wir uns auf noch mehr Nutzenbieten konzentrieren?
- ☐ Mit welchen (neuen) Produkten, mit welchem (besseren) Service?
- ☐ Wie können wir unsere Kontaktpflege, unsere Höflichkeit, unsere Liebenswürdigkeit gegenüber unseren Kunden noch weiter verbessern?
- ☐ Was können wir sonst noch besseres für unsere Kunden tun? Welchen außergewöhnlichen Nutzen können wir ihnen bieten?
- ☐ Welche externen Berater, Fachzeitschriften, Bücher oder Seminare könnten mir sowie meinen Mitarbeiterinnen und Mitarbeitern weiter voranhelfen?

Wählen Sie aus dieser Liste die für Sie wichtigsten Punkte heraus und bearbeiten Sie diese jeweils auf einem separaten DIN-A4-Blatt.

2. Kosten

Die Erlössituation und das Prüfen von Möglichkeiten zur Optimierung ist der eine Pol für erfolgreiches Disponieren. Der andere Pol sind die Kosten. Es nützt wenig, über die hohen Kosten zu klagen. Wenn Sie diese Belastung reduzieren wollen, bleibt Ihnen kein anderer Weg, als in die Details zu gehen und Einzelheiten zu prüfen:

- ☐ Wie liegen die Kosten meines Unternehmens im Branchenvergleich?
- ☐ In welchen Unternehmens-/Aufgabenbereichen liegen die Kosten zu hoch?

- ☐ Wie kann ich Mitarbeiterinnen und Mitarbeiter interessieren und mobilisieren, um Möglichkeiten der Kosteneinsparung zu finden, die weder den Nutzen für unsere Kunden noch unsere Qualität noch die Motivation der Mitarbeiterinnen und Mitarbeiter mindern?
- ☐ Die ganz großen Würfe sind Ideen zur Kosteneinsparung, die gleichzeitig sogar noch eine Qualitäts- oder Nutzenverbesserung für unsere Kunden und/oder einen Motivationsschub für unser Team bewirken. Solche Kreativitäts-Leistungen der Mitarbeiterinnen und Mitarbeiter honorieren wir gesondert. Wie kann ich diese Kreativität stärker mobilisieren?
- ☐ Welche externen Berater, Fachzeitschriften, Bücher oder Seminare könnten mir sowie meinen Mitarbeiterinnen und Mitarbeitern weiter voranhelfen?

Bearbeiten Sie auch im Bereich der Kosten wiederum die wichtigsten Aspekte mit separaten Ausarbeitungen.

3. Umsatz

Umsatzdruck – das ist eine Last, an der fast jedes Unternehmen schwer zu tragen hat. Die Situationen, in denen Betriebe durch glückliche Umstände einen Aufwind finden und scheinbar mühelos hochgetragen werden, sind selten.

Und sie haben auch ihre Gefahren. Oft nämlich ist der Erfolg mit der Abhängigkeit von einem großen Abnehmer verbunden. Das ist ein großes Risiko: Die eigene Firma wird auf Gedeih und Verderben an den Großkunden gefesselt. Es bleiben nur wenige Entscheidungsspielräume. Die unternehmerische Freiheit ist deutlich eingeschränkt.

Aber es gibt Möglichkeiten, dem vorzubeugen. Sie können nach Möglichkeiten für die Unabhängigkeit von einer gefährlichen Bindung an einen „Großen" suchen und diese Schritt für Schritt realisieren. Das schafft unternehmerische Freiheit.

Die Arbeit an den Analysepunkten 3 bis 7 hilft Ihnen, den Weg dahin zu finden. Denn letztlich ist die Erarbeitung dieser unternehmerischen Unabhängigkeit Detailarbeit in verschiedenen Bereichen. Auch dieser Erfolg kann nicht mit der einen tollen Idee oder einer einzigen unternehmerischen Hauruck-Entscheidung herbeigezaubert werden. Nötig ist mühevolle Kleinarbeit: analysieren, vorausplanen, handeln. Gehen Sie es an!

- ☐ Welche unserer Umsätze sind unbefriedigend und gefährden deshalb den Bestand unseres Unternehmens?
- ☐ Was können wir im Bereich der Verkäuferinnen/Verkäufer verbessern?
- ☐ Was können wir bei den Vertriebswegen tun?
- ☐ Wie können wir unsere Werbung optimieren?
- ☐ Womit können wir die Wirkung unserer Presse- und Öffentlichkeitsarbeit verstärken?
- ☐ Sind unsere Lagerbestände zu hoch?

- ☐ Können wir die „just in time"-Methode noch besser nutzen?
- ☐ Ist unsere Logistik in Bestform?
- ☐ Welche Mitarbeiterin oder welcher Mitarbeiter hätte die Talente, um in einem dieser genannten Bereiche (in welchem?) Verbesserungen zu erreichen?
- ☐ Welche externen Berater, Fachzeitschriften, Bücher oder Seminare könnten mir sowie meinen Mitarbeiterinnen und Mitarbeitern weiter voranhelfen?

Wie gehabt: Die für Sie wichtigsten Punkte behandeln Sie wieder ausführlicher auf separaten Blättern.

4. Finanzlage

Die Finanzausstattung des Unternehmens ist der nächste Erfolgsfaktor. Die Empfehlung der Fachleute geht immer wieder darauf hinaus, dass Liquidität noch vor Ertrag kommt.

Die Erfahrung zeigt nämlich, dass nicht selten ein Unternehmen gute Gewinne macht – und doch wegen Ertragsengpässen aufgeben muss, verkauft werden muss oder sich in die Hände eines starken Geldgebers begeben muss. Damit aber automatisch auch in Abhängigkeiten, mit denen die unternehmerische Freiheit verloren geht.

Die folgenden Fragen helfen Ihnen, zu einer guten Finanzplanung zu kommen. Freilich kann nicht gleich die erste Ausarbeitung dieser Art perfekt sein. Versuchen Sie es deshalb zunächst mal mit einem Entwurf, den Sie reifen lassen und an dem Sie feilen, bis er rund ist.

Sie sind der unternehmerische Pragmatiker, der seine Stärken eher im fachlichen oder verkäuferischen Bereich hat? Finanzplanung liegt Ihnen gar nicht? Dann müssen Sie in Ihrem Unternehmen oder in Ihrem Umfeld auf jeden Fall eine fähige Frau oder einen fähigen Mann finden, die/der das Spiel mit den Zahlen liebt und Ihnen die folgende Ausarbeitung abnimmt.

- ☐ Wie bewerte ich insgesamt die Finanzlage unseres Unternehmens?
- ☐ Und die Liquidität?
- ☐ Haben wir eine gute Liquiditätsplanung und -kontrolle?
- ☐ Welche Investitionen laufen aktuell?
- ☐ Welche sind geplant?
- ☐ Und welche wären (wie dringend) nötig?
- ☐ Wie ist das Verhältnis von Eigenkapital und Fremdmitteln?
- ☐ Und wie die Verschuldungsquote?
- ☐ Wie hoch sind die Entnahmen/Ausschüttungen an Gesellschafter oder Anteilseigner?
- ☐ Haben wir eine (funktionierende) kurzfristige Gewinn- und Verlustplanung?
- ☐ Wie zeitnah ist meine Kontrolle der Finanzlage?
- ☐ Wie gut sind unsere Kontakte zu den Banken?
- ☐ Welche externen Berater, Fachzeitschriften, Bücher oder Seminare könnten mir sowie meinen Mitarbeiterinnen und Mitarbeitern weiter voranhelfen?

Auch bei der Finanzsituation sollten Sie sich zunächst die wichtigsten Punkte für eine intensivere analytische Betrachtung heraussuchen.

5. Mitarbeiterinnen/Mitarbeiter

Was ist der bedeutendste Kostenfaktor im Unternehmen? Nein, nicht der Maschinen- und Fuhrpark. Auch nicht die Immobilien. Meist sind es die Kosten für die Menschen, die besonders zu Buche schlagen und deshalb bei der Analyse am sorgfältigsten zu beachten sind.

Die Erfahrung zeigt, dass alles gelingen kann, bei dem die Menschen mit dem Herzen dabei sind. Langfristige überzeugende Ziele sind deshalb eine gute Leistungsmotivation für Ihre Mitarbeiter.

Eine zweite Erfolgssäule: der richtige Mitarbeiter am richtigen Platz. Prüfen Sie regelmäßig, ob alle Ihre Mitarbeiterinnen und Mitarbeiter richtig eingesetzt sind, wo sie eventuell über- oder unterfordert sind, wo unnötige Gehaltskosten laufen.

- ☐ Wer trägt am meisten zum Unternehmenserfolg bei? Wodurch? Wo hat er/sie besondere Stärken, aber auch Schwächen?
- ☐ Wer kann durch welche Weiterbildungsmaßnahme noch wirkungsvoller zum Unternehmenserfolg beitragen?
- ☐ Wo sind Einkommensanpassungen nötig, wo als Belohnung oder Anreiz sinnvoll (mindestens jährlich zu prüfen!)?
- ☐ In welchen Unternehmensbereichen passieren Fehler, weil Mitarbeiterinnen/Mitarbeiter fehlen oder nicht ausreichend qualifiziert sind?

- ☐ In welchen Unternehmensbereichen sind Mitarbeiterinnen/Mitarbeiter nicht ausgelastet oder unterfordert?
- ☐ Könnten Arbeitsspitzen durch Teilzeitarbeit, Saisonkräfte oder Heimarbeit wirtschaftlicher abgedeckt werden?
- ☐ Welche externen Berater, Fachzeitschriften, Bücher oder Seminare könnten mir sowie meinen Mitarbeiterinnen und Mitarbeitern weiter voranhelfen?

6. Lieferanten/Berater

Ein Aspekt, der bei der Analyse häufig unter den Tisch fällt: Wie arbeiten Sie mit Ihren Lieferanten zusammen? Durch die Auswahl der richtigen Partner und die optimale Zusammenarbeit lassen sich Kosten sparen und Gewinne steigern. Denken Sie aber nicht nur an die Lieferanten, die Ihnen Produkte oder Dienstleistungen liefern, sondern auch an die, die Ihnen ihr Know-how „verkaufen". Was lässt sich in diesen Beziehungen noch besser machen?

- ☐ Holen wir das Know-how unserer Lieferanten und Berater stets rechtzeitig und zielorientiert ein?
- ☐ Gilt das nur für Neuentwicklungen im Produktbereich oder auch für alle wesentlichen Veränderungs-Entscheidungen?
- ☐ Gibt es bei uns regelmäßige Besprechungsrunden mit den wichtigsten externen Partnern?
- ☐ Sind die Lieferanten, von denen wir Material oder Know-how beziehen, wirklich die kompetentesten und kostengünstigsten in ihrer Qualitätsklasse? Oder bestellen wir nur aus Gewohnheit bei ihnen?

- ☐ Welchen zusätzlichen Nutzen haben die einzelnen Lieferanten für uns – bringen sie uns beispielsweise durch ihre Empfehlungen neue Kunden?
- ☐ Wie können wir die für uns wichtigen Lieferanten noch stärker motivieren beziehungsweise die Zusammenarbeit noch weiter verbessern?

7. Abhängigkeiten

Unternehmerisch erfolgreich zu agieren, setzt immer auch unternehmerische Unabhängigkeit und Freiheit voraus. Wer in seinen Entscheidungen permanent fremdbestimmt ist, gehört sicher nicht zu dem, was wir in unserer Wirtschaftsordnung als „freies Unternehmertum" bezeichnen. Er ist letztlich ein Abhängiger – oft noch viel abhängiger als ein angestellter Mensch.

Machen Sie sich einmal Gedanken über Ihre Abhängigkeiten: Welche gibt es? In welcher Ausprägung und Intensität? Sich darüber Klarheit zu verschaffen, verhilft immerhin zu einer realistischen Lageeinschätzung.

Die Ideensuche, was Sie gegen diesen Zustand tun können, wird sich dann wohl über Wochen und Monate hinziehen. So etwas fällt einem selten über Nacht ein. Arbeiten Sie deshalb auch in diesem Bereich der Abhängigkeiten wieder mit separaten Blättern für einzelne Teilaspekte.

- ☐ Welche Abhängigkeiten bestehen? Wie gefährden sie den Erfolg unseres Unternehmens?

- ☐ Wer würde den Bestand des Unternehmens gefährden, wenn er/sie ausfällt?
  - ☐ Welche Menschen im Unternehmen?
  - ☐ Welche Lieferanten?
  - ☐ Welche Banken?
  - ☐ Welche Berater?
  - ☐ Welche Großkunden?

Erfolgsbaustein 7: Positionierung

Finden Sie Ihre individuelle Erfolgs-Nische

> *„Die Individualität ist die eigentliche Quelle allen Fortschritts."*
>
> (Mahatma Gandhi)

Jeder Mensch hat seine eigene, unverwechselbare Identität, seinen Charakter, seine Stärke und Schwächen, seine „Persönlichkeit". Das Gleiche gilt für jedes Unternehmen. Analyse und Zielplanung können deshalb nicht von einem bewunderten Vorbild auf die eigene Person übertragen beziehungsweise von einem erfolgreichen Vorzeige-Unternehmen auf die eigene Firma kopiert werden.

Es geht vielmehr darum, die eigene Persönlichkeit in all ihren Facetten zu erkennen, auszuwerten und gezielt für den eigenen Erfolg einzusetzen. Wer Erfolg haben will, muss seinen eigenen Weg gehen. Als Mensch wie als Unternehmen.

Wer Erfolg haben will, muss seinen eigenen Weg gehen

Individuelle Persönlichkeit einsetzen

Erfolgreiche Menschen sind meistens starke Persönlichkeiten, die genau wissen, was sie können und was sie tun. Auch die Beispiele erfolgreichen Unternehmertums beweisen immer wieder: Wer sein Unternehmen wirklich fit für eine erfolgreiche Zukunft machen will, muss ein maßgeschneidertes Konzept finden, muss sich auf seine Stärken und Kräfte konzentrieren. Firmen sind nämlich so unterschiedlich und individuell wie die Menschen, die sie führen, und wie die Menschen, die dort arbeiten.

Nur aus der individuellen Analyse, die alle wesentlichen Aspekte berücksichtigt, können sorgfältig bedachte unternehmerische Zielformulierungen entstehen. Firmenspezifische Ziele, die Führungskräfte wie Mitarbeiter begeistern und motivieren, die allen im Team genügend Freiraum für Kreativität und Erfolgsfähigkeit geben und die über die laufende Generation hinausgreifen und somit langfristige Erfolgswirkung haben.

Analyse der Positionierung

Wichtig ist eine klare Positionierung am Markt

Um sich am Markt behaupten zu können, ist eine klare Positionierung wichtig. Voraussetzung ist eine sorgfältige Analyse, wie Sie heute am Markt und in Ihrer Zielgruppe dastehen:

- ☐ Analysieren Sie die individuellen Stärken und Schwächen Ihres Unternehmens sowie Ihre bisherigen Erfolge.
- ☐ Analysieren Sie die aktuelle Situation auf dem Markt und Ihre Position im Vergleich zum Wettbewerb.
- ☐ Analysieren Sie Markttrends und Zukunftsprognosen.
- ☐ Analysieren Sie Ihre individuellen Chancen auf diesem aktuellen und künftigen Markt.

Auf dieser Grundlage können Sie gezielt Ihre Positionierung im Markt beschreiben und daran gehen, sie zu verändern. Konzentrieren Sie sich dabei auf die Kernkompetenz Ihres Unternehmens, auf die Besonderheit und Einzigartigkeit Ihres Angebotes, mit der Sie sich gegenüber Mitbewerbern abheben und auszeichnen (**USP** = **U**nique **S**elling **P**roposition, das einzigartige Verkaufsversprechen).

Kleine und mittelständische Firmen können sich ein breit gefächertes Spektrum an Leistungsangeboten gar nicht leisten. Für sie gilt es, ihre gegenüber den Großunternehmen beschränkten Kräfte ganz gezielt einzusetzen. Wo sich Konzerne mit ihrer Finanzkraft eine Diversifikation, also ein Ausweiten des Geschäftes auf neue Produkte und neue Märkte, leisten können, kann das Erfolgsmotto für einen Mittelstandsbetrieb nur „4K" heißen: „**k**onsequente **K**onzentration auf die **K**ern**k**ompetenz". Wer versucht, alles zu machen, läuft Gefahr, sich und seine Energie zu verzetteln und dadurch gar nichts richtig gut zu machen.

„4K"-Konzept: Konsequente Konzentration auf die Kernkompetenz

Gerade für den Mittelstand ist die Spezialisierung mit einer individuellen Nischen-Strategie sehr oft ein höchst erfolgreicher Weg. Marktnischen allerdings sind selten einfach so vorhanden. Sie müssen gesucht oder geschaffen werden. Und dann mit Leben erfüllt werden.

Schwimmen Sie gegen den Strom

Wenn beispielsweise Ihre Mitbewerber die Preise senken, „weil es ja die anderen auch tun", sollten Sie ernsthaft prüfen, ob Sie wirklich im gleichen Fahrwasser mitschwimmen und diese Niedrigpreispolitik mitmachen wollen. Denken

Durch besonderen Kundennutzen einzigartig positionieren

Sie anders, brechen Sie aus der Herde aus, schwimmen Sie gegen den Strom. Überlegen Sie doch einmal, ob Sie sich nicht durch einen ganz besonderen Kundennutzen so positionieren können, dass Ihre Kunden sogar eine Preissteigerung akzeptieren?

Wenn Sie (und auch Ihre Mitarbeiter) es schaffen, Kunden und Interessenten gegenüber die Alleinstellungsmerkmale und den außergewöhnlichen Nutzen Ihrer Leistung mit all ihren Vorteilen überzeugend zu vermitteln, kommen Sie mit großer Wahrscheinlichkeit weitgehend aus der Preisdiskussion heraus.

Kommunizieren Sie Ihre Kernkompetenz

Deshalb: **Identifizieren Sie Ihre Kernkompetenz. Prüfen Sie, in welchen Bereichen Sie damit noch mehr Nutzen für Ihre Kunden bieten können. Bestimmen Sie diesen außergewöhnlichen Nutzen ganz prägnant. Entwickeln Sie hierfür eine Kommunikationsstrategie. Und legen Sie den Schwerpunkt Ihrer Innovations- und Optimierungsbestrebungen ganz gezielt auf diesen Punkt.**

☐ So wie der Sanitärunternehmer, der sich aus dem Neubaugeschäft komplett zurückgezogen hat. Nach gründlicher Analyse seiner Stärken konzentriert er sich heute auf exklusive Badsanierungen. Seine Zielgruppe sind gut situierte Ehepaare zwischen 50 und 60 Jahren, deren Kinder aus dem Haus sind und die sich vor der Rentenzeit ihr Bad „so richtig schön“ herrichten lassen wollen. Der Preiskampf ist für diesen Unternehmer schon lange kein Thema mehr. Und Aufträge hat er mehr als genug – seine Kunden empfehlen ihn in ihrem Bekanntenkreis begeistert weiter.

- ☐ Ähnlich der Dachunternehmer, der feststellte, dass seine Erfahrungen mit der Sanierung von Dachstühlen auch an anderer Stelle hervorragend einsetzbar sind – heute ist er mit seiner Firma ein gefragter Spezialist für die Sanierung von historischen Fachwerkhäusern.

Suchen Sie deshalb systematisch nach vorhandenen oder potentiellen Marktnischen. Analysieren Sie sorgfältig, in welchen Marktsegmenten Sie die Stärken und Vorzüge Ihres Unternehmens besonders wirkungsvoll einsetzen können,

Suchen Sie systematisch Ihre Marktnische

- ☐ weil es in dieser Nische nur wenige Mitbewerber gibt
- ☐ weil Ihr Angebot in dieser Nische marktgerechter, innovativer, kurz: besser ist als das der Mitbewerber
- ☐ weil diese Nische noch gar nicht besetzt ist

Analyse der Stärken

Definieren Sie Ihre hauptsächlichen Stärken und Kernkompetenzen. Gewichten Sie diese in einer „Hitliste". Am besten formulieren Sie Ihre wichtigsten Vorzüge jeweils noch einmal mit einer Begründung: „Wir sind überdurchschnittlich innovativ, weil …" – „Unsere außergewöhnliche Kundenorientierung zeigt sich in erster Linie darin, dass …" – „Der besondere Nutzen unserer Produkte besteht in …"

Schreiben Sie eine „Hitliste" Ihrer Stärken

Anregungen zur Differenzierung:

Weshalb sollte der Kunde bei Ihnen kaufen?

Sie werden die für Ihr Unternehmen richtige Nische leichter finden, wenn Sie sich zunächst mal fragen, womit Sie sich von Mitbewerbern deutlich differenzieren, in welchen Punkten Sie besser sind, vielleicht sogar einzigartig, warum die Kunden gerade bei Ihnen kaufen sollten:

- Sind wir bereits (einer der) Marktführer auf einem bestimmten Gebiet? Wenn ja: womit und wodurch?
- Welche Produkte/Geschäftsfelder sind unsere hauptsächlichen Gewinnbringer? Auf welche könnten wir verzichten, ohne dass es wehtut?
- Bieten wir besonders attraktive Preise?
- Liegt das besondere Plus unserer Produkte in Qualität und Zuverlässigkeit?
- Sind wir bekannt für außergewöhnliche Kundenorientierung, überragenden Service, persönliche Betreuung, einzigartige Freundlichkeit?
- Schätzen unsere Kunden an uns in erster Linie langjährige Kompetenz und einzigartiges Know-how?
- Liegt unsere Stärke in unserer Internationalität? Oder in der starken regionalen Vor-Ort-Präsenz?
- Machen wir unseren Kunden das Einkaufen besonders einfach (beispielsweise Online-Shop, telefonischer 24-Stunden-Bestellservice, Express-Lieferservice ...)?
- Haben wir wirkungsvolle Kontakte zu Politik, Verbänden oder anderen wichtigen Entscheidungsträgern (Lobby), zu den für uns wichtigen Medien, zu Hochschulen oder anderen wissenschaftlichen Einrichtungen?

- Vermitteln unsere Produkte oder unsere Marke eine außergewöhnliche Emotionalität? Haben sie Statuscharakter mit hoher Imagewirkung?
- Profitieren wir von einem hohen Bekanntheitsgrad und einer starken Marktdurchdringung?
- Sind wir bekannt für individuelle, maßgeschneiderte Problemlösungen?
- Sind hervorragend ausgebildete, topmotivierte, kompetente und kundenorientierte Mitarbeiter unser großer Trumpf?
- Haben wir uns besonders auf ökologischem Gebiet einen Namen gemacht?
- Bieten wir ein breites Produktsortiment an – für wirklich jeden das passende Produkt?
- Haben wir eine klar definierte Zielgruppe und einen hohen Anteil Stammkunden?
- Verfügen wir über eine Top-Lage mit hervorragender Verkehrsanbindung und ausreichenden Parkmöglichkeiten?
- Bieten wir unseren Kunden und Besuchern durch attraktive Architektur und Einrichtung ein besonderes „Einkaufserlebnis"?
- Welche zusätzlichen, außergewöhnlichen Dienstleistungen können unsere Kunden von uns erwarten?
- ...

Ein Tipp noch: Das Erarbeiten einer klaren Positionierung sowie einer individuellen Differenzierungsstrategie sind zentrale Inhalte der HelfRecht-Planungstage für den Verkaufserfolg.

Setzen Sie ganz bewusst eindeutige Schwerpunkte

Denken Sie daran: Von allem ein bisschen ist gar nichts! Setzen Sie deshalb ganz bewusst eindeutige Schwerpunkte nach der 4K-Strategie: konsequente Konzentration auf Ihre Kernkompetenz. Positionieren Sie Ihr Unternehmen, Ihr Angebot klar und unverwechselbar. Bestimmen Sie Ihren USP – Ihre Unique Selling Proposition, also die Kriterien, die Sie, Ihr Produkt, Ihr Unternehmen einzigartig machen.

Mit dieser klaren Festlegung schaffen Sie sich eine deutlich bessere Ausgangsbasis: Durch die individuelle Positionierung finden Sie in der für Ihr Unternehmen passenden Marktnische eine starke Wettbewerbsposition und sichern sich so eine Erfolg versprechende Zukunftsperspektive.

Ideal ist es deshalb, wenn Ihre Unternehmensstärken und Ihre Positionierung deckungsgleich sind. Wenn Sie sich also auf das konzentrieren, was Sie am besten können, worin Sie Ihre hauptsächlichen Stärken und die größte Kompetenz haben. Überlegen Sie, wie Sie hier kurzfristig schlummernde Potentiale zur Entfaltung bringen und so mit geringem Aufwand zusätzlichen Gewinn erreichen.

Analyse der Schwächen

Wo müssen Sie noch besser werden

Analysieren Sie aber nicht nur Ihre Stärken und Vorzüge. Prüfen Sie anhand der Anregungen zur Differenzierung (Seiten 80/81) auch selbstkritisch, was Sie verbessern müssen, um in Ihrer Nischen-Strategie erfolgreich zu sein:

- ☐ Was gefährdet Ihren Erfolg?
- ☐ Welche Schwächen müssen Sie beseitigen, welche Nachteile ausgleichen?

- ☐ Welche Fähigkeiten, Stärken oder Kompetenzen fehlen Ihrem Unternehmen?
- ☐ Wie können Sie diese Mängel in den Griff bekommen (extern einkaufen/intern aufbauen/...)?

Gehen Sie bei den Schwächen genauso vor wie bei den Stärken:

- ☐ Formulieren Sie Ursachen und Gründe.
- ☐ Überlegen Sie, was passieren könnte, wenn sich an den Mängeln nichts ändert.
- ☐ Gewichten Sie die Bedeutung der Schwächen für die Behinderung Ihres Unternehmenserfolges.

Ganz wichtig: Sehen Sie Mängel und Fehler nicht als etwas Schlechtes an, sondern als eine Chance zur Verbesserung (siehe hierzu auch „Erfolgsbaustein 8: Mängelanalyse").

Stellen Sie den Kundennutzen in den Mittelpunkt

Stellen Sie beim Analysieren und Beseitigen von Mängeln immer den Kundennutzen in den Mittelpunkt. Prüfen Sie beispielsweise auch Ihre Kommunikation, Ihre Werbe- und Verkaufsaussagen unter diesem Aspekt: Versteht Ihr Kunde auf den ersten Blick beziehungsweise beim ersten Hören, was Sie wollen und was Sie bieten? Ist für ihn sofort verständlich, welchen Nutzen er von Ihrer Leistung hat? Wie können Sie Ihre Botschaft noch besser, noch wirkungsvoller formulieren und vermitteln? Machen Sie einen Test bei Menschen, die Ihr Unternehmen und/oder Produkt noch nicht kennen.

Analyse der Zielgruppe

Analysieren Sie schließlich ebenso Ihre Zielgruppe. Oft ist nämlich auch hier eine Nischenstrategie im Sinne einer Konzentration sinnvoll. Prüfen Sie deshalb:

- ☐ Lassen sich Teil-Zielgruppen mit unterschiedlichen Bedürfnissen, Vorlieben, Ansprüchen und Erwartungen selektieren und definieren?
- ☐ Kristallisiert sich ein Kundensegment als besonders interessante Haupt-Zielgruppe heraus?
- ☐ Ist eine Konzentration auf diese Gruppe sinnvoll und Erfolg versprechend?
- ☐ Wie müssen Sie Ihr (Produkt-)Angebot, Ihre Verkaufs- und Preisstrategie, Ihre Kommunikation, Ihre Emotionalität, Ihre Markenpolitik ... ändern, um der künftigen Schwerpunkt-Zielgruppe den größten Nutzen bieten zu können?

Praxistipp zur Positionierung:

Formulieren Sie Ihren einzigartigen Nutzen

Ob Sie eine eindeutige Positionierung gefunden haben, lässt sich sehr einfach selbst überprüfen: Können Sie in zwei oder drei verständlichen Sätzen erläutern, welchen einzigartigen Nutzen der Kunde bei/von Ihnen bekommt? Worin der Unterschied zu vergleichbaren Angeboten besteht?

Formulieren Sie das Statement schriftlich, eventuell mit Unterstützung Ihrer Führungskräfte/Mitarbeiter. Feilen Sie an diesem Text, bis Sie wirklich zufrieden sind – er ist es wert! Denn diese zwei oder drei Sätze sind Ihr konzentriertes unternehmerisches Bekenntnis, wofür Sie stehen – und wofür es sich lohnt, sich jeden Tag anzustrengen.

Geben Sie deshalb diesen Text auch allen Mitarbeiterinnen und Mitarbeitern in Ihrem Team. Zur täglichen Motivation und als Rückenstärkung für jeden einzelnen Kundenkontakt.

Erfolgsbaustein 8: Mängelanalyse

Mängel haben etwas Gutes: Die Chance zur Verbesserung

> *„Tüchtige, aktive Menschen machen die meisten Fehler. Aber sie unterscheiden sich von den Unfähigen dadurch, dass sie sich mit ihnen auseinander setzen und sie in Erfahrung umwandeln."*
>
> (Werner Otto)

Jeder Mensch macht Fehler – entscheidend ist, wie er damit umgeht

Wer lebt, macht Fehler. Im privaten Bereich ebenso wie im beruflichen. Das ist unvermeidlich – auch bei besonders besonnenen Menschen, in den bestgeführten Unternehmen, bei den bestausgebildeten und höchstmotivierten Mitarbeitern. Wer lebt, handelt und arbeitet, macht Fehler. Entscheidend ist nur, wie wir dazu stehen, wie wir damit umgehen.

Für viele Menschen sind Fehler etwas Schlimmes, Mängel etwas Schlechtes, Kritik etwas Negatives. Doch Defizite haben einen ganz besonderen Wert: Sie bieten die hervorragende Möglichkeit, etwas gezielt zu verbessern. Wichtig ist jedoch, dass die Fehler angenommen und analysiert werden – anstatt nur zu fragen: „Wer ist daran schuld?"

☐ **Suchen Sie nicht nach Schuldigen. Suchen Sie nach Ursachen und Lösungen!**

Mängel sind also etwas Positives – eine gute Chance zur Verbesserung. Wer Fehler vertuschend unter den Teppich kehrt oder einfach nicht wahrhaben will, vergibt diese günstige Gelegenheit. Selbst kleinste Mängel können sich zu einem folgenschweren Schaden ausweiten, wenn nicht rechtzeitig reagiert, besser noch: vorgebeugt wird.

Fehler finden, bevor sie sich gravierend auswirken

Nötig ist also eine Mängel-Kultur. Bei der eigenen Person wie auch im Unternehmen. Mängel zu entdecken, sollte belohnt werden, selbst wenn das Problem dabei noch nicht gelöst wird. Ideal ist es, die Fehler frühzeitig zu finden und zu beseitigen, bevor sie sich gravierend auswirken.

Kleine Ursache mit großer Wirkung

Fehler möglichst umgehend beheben

Eine kleine Fensterscheibe zu ersetzen, erfordert keinen großen Aufwand. Dieser Fehler/Mangel sollte deshalb möglichst sofort behoben werden – denn wenn es in der nächsten Nacht stürmt und schüttet, kann der Schaden ungleich größer und teurer werden, wenn es beispielsweise durch die zerbrochene Scheibe ins Gebäude regnet und das Wasser ein hochwertiges elektronisches Gerät außer Betrieb setzt.

Fehler vermeiden bringt Gewinn

Für Firmen verbirgt sich im Vermeiden von Fehlern und Mängeln alleine schon aus betriebswirtschaftlichen Erwägungen eine Riesenchance: Wenn jede Mitarbeiterin und jeder Mitarbeiter durch aktives Mitdenken pro Tag nur einen einzigen Fehler vermeidet, der zehn Euro Kosten verursachen würde, summiert sich das für einen Betrieb mit 50 Mitarbeitern pro Jahr auf eine Ersparnis von 100.000 Euro (50 Mitarbeiter x 200 Arbeitstage x 10 Euro).

Das gezielte Suchen nach kleinen Fehlern sollte zur Selbstverständlichkeit werden

Das gezielte Suchen nach kleinen Fehlern, sollte deshalb zu einer Erfolg steigernden und Innovationen fördernden Selbstverständlichkeit werden. Obgleich dieses „Frühwarnsystem" für den Erfolg der Firma so entscheidend sein kann, bedeutet es für viele Chefs und Führungskräfte ein Umdenken. Nicht selten wird doch der, der auf einen Mangel hinweist, kritisiert und für den Fehler verantwortlich gemacht So aber unterbindet man eigenverantwortliches Mitarbeiten und Mitdenken im Unternehmen wirkungsvoll und dauerhaft.

Nötig ist deshalb ein Milieu, in dem Mitarbeiter auch mal kritisch nachdenken und nachfragen dürfen, Altes in Frage stellen und kreativ neue Wege gehen können. Mit der „Analyse der Hauptaufgaben", dem „methoPlan" oder dem „Mangel-/Erfolgsbericht" bietet das HelfRecht-Planungssystem hierzu verschiedene Hilfen an.*

Machen Sie Reklamationen zu Reklameaktionen

Kritik von Kunden zeigt Ihnen, wo Sie noch besser werden können

Der positive und innovationsfördernde Wert von Mängeln gilt in Betrieben und Geschäften ganz besonders für Reklamationen: Kritik von Kunden zeigt Ihnen, wo etwas nicht richtig

* Gerne informieren wir Sie detaillierter über diese Arbeitsmittel. Bitte rufen Sie uns an: Telefon 00 49 (0) 92 32 / 60 10 oder schicken Sie uns eine E-Mail an info@helfrecht.de.

Praxistipp zur Mängelanalyse:

Suchen Sie stets nach Ursachen und Lösungen

Wer den Status quo halten will, wird zurückfallen. Selbstzufriedenheit und Zufriedenheit mit dem Erreichten darf sich ein Unternehmer nicht leisten. Sein Ziel muss immer der Fortschritt sein, das Vorankommen, das Besserwerden.

Voraussetzung hierfür ist die permanente kritische Analyse des Bestehenden, die stete Suche nach Mängeln und Optimierungsmöglichkeiten. Aber: Suchen Sie nicht nach Schuldigen – suchen Sie stets nach Ursachen („Röntgenbild des Mangels") und nach Lösungen.

Fragen Sie sich bei jedem Mangel:

- Was habe ich falsch gemacht? Was unterlassen? Was falsch eingeschätzt?
- Warum? Wie ist es dazu gekommen?
- Welche Auswirkung hatte der Fehler/das Versäumnis?
- Wie kann ich dies für die Zukunft vermeiden/ausschließen?
- Welche Lehre(n) ziehe ich aus diesem Fehler?

läuft, wo Ihr Angebot nicht mit den Wünschen und Vorstellungen des Kunden übereinstimmt. Reklamationen eröffnen Ihnen also die Chance für Verbesserungen und helfen Ihnen so bei Ihrem unternehmerischen Erfolg.

Deshalb sollten Sie und Ihre Mitarbeiter möglichst nicht versuchen diesen „Angriff" abzuwehren. Mit Reaktionen wie „kann ja gar nicht sein" oder „dafür bin ich nicht zuständig" schaden Sie sich nur selbst. Gestehen Sie Fehler ein – jeder Geschäftspartner hat Verständnis dafür, dass im Arbeitsalltag mal etwas passieren kann. Und mit seinem Feedback zeigt Ihr Kunde Ihnen ja, dass er weiterhin Interesse an Ihnen und Ihren Produkten hat – sonst hätte er sich doch wohl in aller Stille zur Konkurrenz verabschiedet. Sehr viele Kunden reklamieren nämlich nicht, sondern ziehen sofort die Konsequenz. Und das kann Ihre Finanzen ebenso belasten wie Ihren guten Ruf.

Freuen Sie sich über kritisches Kunden-Feedback

Drei Richtwerte hierzu:

1. Nur etwa fünf Prozent der unzufriedenen Kunden beschweren sich – 95 Prozent wechseln wortlos zur Konkurrenz.
2. Einen verlorenen Kunden zurückzugewinnen, ist fünf- bis siebenmal teurer, als einen vorhandenen Kunden ans Unternehmen zu binden und seine Abwanderung damit zu verhindern.
3. Ein unzufriedener Kunde teilt seine negative Meinung elf oder noch mehr Menschen in seinem Umfeld mit, ein zufriedener gibt sein positives Urteil dagegen nur an drei Menschen weiter.

Machen Sie Ihren Kunden zum loyalen Partner

Seien Sie deshalb froh, wenn Sie der Kunde darauf aufmerksam macht, dass etwas nicht passt. Bedanken Sie sich dafür und nutzen Sie dieses Gesprächsangebot. Bemühen Sie sich, die Anregungen sachlich aufzunehmen, auch wenn der Kunde sich sehr emotional beschwert. Hinterfragen Sie die Auslöser und Ursachen der Reklamation und analysieren Sie diese gründlich. Finden Sie eine schnellstmögliche faire Lösung für das

Bedanken Sie sich für Kritik und Reklamationen

Problem des Kunden – und eine Möglichkeit, den beanstandeten Mangel dauerhaft abzustellen. Machen Sie den Kunden langfristig zum loyalen Partner Ihres Unternehmens, indem Sie ihn ernst nehmen.

Finden Sie rasch eine faire Lösung für das Problem des Kunden

Systematisches Beschwerdemanagement

Jede Mitarbeiterin und jeder Mitarbeiter mit Kundenkontakt sollte auf das richtige Umgehen mit Beschwerden vorbereitet sein. Darüber hinaus sollten aber alle Reklamationen von einer verantwortlichen Person zentral erfasst und bearbeitet werden. Ordnen Sie Kundenanregungen nach Themenbereichen – dann können Sie am schnellsten reagieren, wenn sich bestimmte Reklamationen oder Beschwerden häufen.

Auch wenn sich die Bearbeitung der Reklamationen delegieren lässt: Für die Geschäftsleitung sollte es eine selbstverständliche, wiederkehrende Aufgabe sein, sich über die Äußerungen und Meldungen der Kunden kontinuierlich auf dem Laufenden zu halten.

Durch ein systematisches Beschwerdemanagement machen Sie aus Reklamationen Reklameaktionen, aus unzufriedenen Kunden begeisterte und langfristig loyale Stammkunden. Und Sie arbeiten permanent daran, Produkte, Dienstleistungen, Abläufe, Service, Kundennutzen und andere Erfolgskriterien zu optimieren – und damit nicht zuletzt auch Ihre Kosten zu reduzieren und Ihren Gewinn zu steigern.

Machen Sie aus unzufriedenen Kunden begeisterte Stammkunden

Überlegen Sie deshalb einmal, ob Sie Reklamationen und Kundenanregungen nicht sogar aktiv und gezielt abfragen wollen. Das geht ohne einen hohen Kostenaufwand. Beispielsweise können Sie

- ☐ Kundenbriefen einen Fragebogen mitschicken
- ☐ Kunden beim Kauf oder mit der Rechnung einen Fragebogen mitgeben/mitschicken (aber bitte erwarten Sie sich keinen allzu hohen Rücklauf bei derartigen Fragebogen-Aktionen: Wenn Sie fünf Prozent zurückgeschickt bekommen, ist das schon ein sehr guter Wert)
- ☐ mit Kunden nach dem Kauf oder nach dem Abschluss einer Leistung persönlich sprechen
- ☐ über ein CallCenter oder Marktforschungsinstitut gezielte Kundenbefragungen durchführen lassen
- ☐ jeden persönlichen oder telefonischen Kundenkontakt nutzen, um einige Informationen in Sachen Kundenzufriedenheit abzufragen
- ☐ auf Ihren Internetseiten eine Rubrik „Kundenanregungen“ einrichten
- ☐ Kunden zu „Qualitätszirkeln“ oder anderen Gesprächsrunden einladen und mit ihnen Optimierungsmöglichkeiten diskutieren

Merke: Kundenzufriedenheit erkennen Sie daran, dass der Kunde zurückkommt – und nicht die Ware.

Anregungen zum Beschwerdemanagement:

Besser werden durch Fehler und Reklamationen

Nutzen Sie die positive Kraft von Fehlern, Mängeln und Beschwerden. Und achten Sie im Tagesgeschäft auf jede Möglichkeit, noch besser zu werden.

- Welchen Mangel, welche Reklamation gibt es?
- Welche Punkte/Details werden im Einzelnen bemängelt?
- Häufen sich die Fehler an einer bestimmten Stelle, bei einem bestimmten Produkt, in einem bestimmten Unternehmensbereich?
- Welche Ursachen hat der Mangel?
- Hängen die Ursachen verschiedener Mängel zusammen?
- Durch wen wurde der Mangel bewirkt, wer war an seinem Entstehen noch beteiligt (nur Feststellung, keine Schuldzuweisung!)?
- Wann ist der Mangel erstmals aufgetreten?
- Warum wurde er nicht früher entdeckt/empfunden?
- Wer hat einen Nachteil oder Schaden von diesem Mangel?
- Was könnte passieren, wenn der Mangel nicht sofort/so bald wie möglich abgestellt wird?
- Welches Optimierungspotential bietet der Mangel?
- Wie und wann kann der Mangel abgestellt werden (siehe hierzu auch Kapitel Vorgehensplanung)?
- Welche positiven Effekte bewirkt die Beseitigung des Mangels?

Kapitel 3:

Die Zielplanung legt die Richtung fest

In diesem Kapitel 3 lesen Sie:

Zweiter Schritt nach der Analyse der Ausgangssituation ist die Zielplanung. Denn nur wer weiß, was er auf welchem Weg erreichen will, kann die notwendigen Schritte planen, um selbstbestimmt vorangehen und seine Zukunft erfolgreich gestalten zu können.

In diesem Kapitel lernen Sie, wie Sie aus privaten, beruflichen oder unternehmerischen Visionen und Wünschen konkrete und unmissverständliche Erfolgsziele erarbeiten und somit die Richtung für alle folgenden Aktivitäten festlegen.

Erfolgsbaustein 9: Ziele

Ziele geben dem Handeln Orientierung und Sicherheit

„Wer das Ziel kennt, kann entscheiden. Wer entscheidet, findet Ruhe. Wer Ruhe findet, ist sicher. Wer sicher ist, kann überlegen. Wer überlegt, kann verbessern."

(Konfuzius)

Urwunsch der Menschen ist es, die richtigen Entscheidungen für ihr Leben zu treffen

Urwunsch aller Menschen ist es, die richtigen Entscheidungen für ihr Leben zu treffen. Bei Unternehmern kommt das Bestreben hinzu, auch für ihre Firma die Weichen richtig zu stellen.

Erste Grundvoraussetzung hierfür: eine sorgfältige, umfassende Analyse. Sie zeigt die derzeitige Ausgangssituation mit ihren Chancen und Gefahren. Als nächstes – ebenfalls noch vor dem Handeln – muss geklärt werden, wo die Reise hingehen soll. Welches Ziel wollen Sie persönlich und mit Ihrer Firma erreichen? Das Ziel nämlich bestimmt den Weg – wenn Sie das falsche Ziel anvisieren, werden Sie immer in die falsche Richtung gehen.

Ausgangspunkt und Ziel festlegen

So muss der Wanderer auf der Karte zunächst Ausgangspunkt und Ziel festlegen, bevor er sich auf den Weg machen kann. So braucht jeder

Seefahrer ein unmissverständliches Ziel, um vom aktuellen Standort aus den Kurs zu bestimmen und sein Schiff sicher in den richtigen Hafen zu steuern. Günstige Winde und Strömungen kann er nur nutzen, wenn er weiß, wohin er segeln will.

Nur wer sein Ziel kennt, kann die notwendigen Schritte planen, um das Ziel auch tatsächlich zu erreichen. Das gilt für den Seefahrer ebenso wie für den Wanderer, den Privatmann und für den Unternehmer. Wer nicht weiß, wo er hin will, der wird sich verlaufen, der wird scheitern. Wer sich jedoch über seine Ziele im Klaren ist, der hat stets die Kontrolle über sein Leben und seinen Lebensweg.

Nur wer sein Ziel kennt, kann die notwendigen Schritte planen

Das bedeutet: Erfolg kann im Leben nur haben, wer sein Ziel eindeutig formuliert! Klare Ziele geben Orientierung und Sicherheit für das Handeln, sind Voraussetzung für den Erfolg des Handelns. „Wer im Leben kein Ziel hat, der verläuft sich", brachte es Abraham Lincoln einmal treffend auf den Punkt. Ähnlich prägnant formulierte auch Christian Morgenstern: „Wer vom Ziel nicht weiß, kann den Weg nicht haben, wird im selben Kreis all sein Leben traben."

Klare Ziele sind Voraussetzung für den Erfolg des Handelns

Das gilt auch für jedes Team, das etwas erreichen will: Jeder Einzelne sollte wissen, wo´s langgeht, damit nicht alle wild durcheinander- oder im Kreis herumlaufen. Klare Ziele geben einem Team Orientierung, Sicherheit und Motivation. Im Unternehmen ist deshalb der Teamchef ganz besonders gefordert: Mit konkreten Unternehmenszielen legt er den Kurs fest, führt und motiviert er seine Crew.

Klare Ziele geben einem Team Orientierung und Sicherheit

Ziele geben Sicherheit und Orientierung...

Sicherheit und Anhaltspunkte für das Handeln

Der klar festgelegte Kurs hat vor allem firmenintern eine sehr positive Wirkung. Schriftlich fixierte Zielpläne sorgen für Ordnung, Ruhe und Stabilität im Unternehmen, erzeugen Konsens und Wir-Gefühl. Die Mitarbeiter bekommen Sicherheit und Anhaltspunkte für ihr Handeln. Sie wissen, welche Richtung Geschäftsleitung und Führungskräfte einschlagen, wenn eine Entscheidung ansteht. Sie wissen aber auch, wo sie selbst lang müssen. Die Zielformulierungen machen den Mitarbeitern „ihr" Unternehmen transparenter und vertrauter, das unternehmerische Handeln verständlicher.

...und sind die Basis für ein positives Image

Planlosigkeit kostet Zeit, Geld – und den guten Ruf

Dies strahlt auch nach außen aus. Die Sicherheit und Verstehbarkeit des Handelns gibt dem Unternehmen in der Region, in der Branche, bei Geschäftspartnern und Kunden einen eigenständigen Charakter und ein klares Profil – beste Voraussetzungen für ein positives Image. Planlosigkeit und Unberechenbarkeit dagegen kosten nicht nur Zeit und Geld, sondern auch den guten Ruf einer Firma.

Ziele sind häufig das Gegenteil eines Mangels

Wer von Hunger geplagt wird, der hat nur ein Ziel: essen und satt werden. Wer vor Kälte zittert, hat ebenfalls ein klares Ziel: Wärme. Und wer krank ist, möchte vor allem gesund werden. Diese ganz einfachen Beispiele zeigen, dass Ziele sehr häufig das Gegenteil eines festgestellten Mangelzustandes sind und den Menschen zum Handeln bewegen. Der Hungernde wie der Frierende und der Kranke wird alles daran setzen, den Mangel zu beseitigen und sein Ziel zu erreichen. Die Spannung zwischen Ist und Soll aktiviert Kraft und Kreativität.

Spannung zwischen Ist und Soll aktiviert Kraft und Kreativität

Ähnlich ist es mit unternehmerischen Mängeln und Zielen. Vor diesem Hintergrund ist die Bedeutung der individuellen Mängeldiagnose leicht nachzuvollziehen. Sie sollten deshalb vor der Festlegung Ihrer Ziele und Visionen zunächst einmal Ihre aktuelle Situation mit deren „Mängeln" analysiert haben. So bekommen Ihre Wünsche eine noch größere Anziehungskraft und Wirksamkeit.

Begeisternde Ziele wecken die innersten Kräfte

Das alte Sprichwort „Glaube versetzt Berge" enthält sicher mehr als nur ein Fünkchen Wahrheit: Wer sich über seine Visionen und Ziele im Klaren ist und diese als wirklich wertvoll und erstrebenswert ansieht, programmiert sich und sein Unterbewusstsein auf das Erreichen dieser Ziele und Visionen.

Glaube versetzt Berge

Ambitionierte, herausfordernde Ziele geben dem Handeln einen Sinn. Sie steuern die Motivation, bündeln unser Denken und unsere Energie, setzen ungeahnte Kräfte frei, sind der stärkste Antriebsmotor für Erfolge. Wer attraktive, lockende Ziele hat, von denen er „so richtig gebissen" ist, der wird Mittel und Wege finden, sie zu erreichen. Und Erfolg ist ja nichts anderes als das Erreichen der selbst bestimmten Ziele, das Erfüllen der ureigensten Wünsche.

Wer lockende Ziele hat, wird Mittel und Wege finden, sie zu erreichen

Das Formulieren von kraftvollen Zielen ist deshalb nach der Analyse der zweite stabile Grundstein, auf dem alle Pläne und alles Handeln aufbauen, ganz gleich ob im privaten, beruflichen oder unternehmerischen Bereich.

Praxistipp zur Zielformulierung:

Niederschrift macht Ziele verbindlich und nachprüfbar

Legen Sie Ihre Ziele immer schriftlich fest

▷ Legen Sie Ihre Ziele immer schriftlich fest. Erst die Schriftform macht Ziele verbindlich und überprüfbar. Für Sie wie für andere. Die Niederschrift ermöglicht zudem ein wirkungsvolles Controlling Ihres Handelns – Sie wissen stets, ob Sie noch auf Kurs sind, wie nahe Sie Ihrem Ziel schon gekommen sind beziehungsweise ob Sie das anvisierte Ziel dann auch tatsächlich erreicht haben.

Aus Wünschen werden Ziele

Ziele müssen zeitlich differenziert und koordiniert werden

Ganz gleich, ob Sie private, berufliche oder Unternehmensziele planen: Sie können nicht einfach loslegen und handeln. Sie müssen Ihre Ziele zeitlich differenzieren und koordinieren. Es bringt Ihnen nichts, wenn Sie sich sporadisch überlegen, welches Ziel Sie in den nächsten Wochen oder Monaten ansteuern und erreichen wollen. Ihre Monats- und Jahreszielplanung muss vielmehr eingebettet sein in eine längerfristige Planung.

Vorbild Hausbau: Schritt für Schritt entsteht aus Gedanken und Plänen ein stabiles Gebäude

Paradebeispiel für das Thema systematische Planung ist der Hausbau. Kein Mensch käme auf die Idee, völlig unvorbereitet eine Baugrube auszuheben und drauflos zu bauen. Jeder wird doch erst mal überlegen, was eigentlich entstehen soll und was dafür alles zu tun ist:

- ☐ Am Anfang steht der Wunsch. Die Vision vom fertigen Traumhaus. Doch mit dem unkonkreten Auftrag „Bauen Sie uns bitte ein Haus“ ist sicher jeder Architekt überfordert.
- ☐ Die Vision muss zunächst konkretisiert und beschrieben werden: Aufgrund der Wünsche, Vorstellungen und Bedürfnisse sowie der finanziellen Möglichkeiten der Bauherren und unter Berücksichtigung von Bebauungsplan, Grundstücksbeschaffenheit und anderen Parametern (Analyse) zeichnet der Architekt den Endzustand (Ziel) mit Grundrissen und Seitenansichten.
- ☐ Danach geht's in die Planung von Innenaufteilung, Dachausführung, Fensteranordnung, Heizung, elektrischen Leitungen und anderen grundlegenden Dingen.
- ☐ Und erst, wenn diese Grobplanung steht, werden in der Feinplanung die Einzelheiten bestimmt – bis hin zur Farbe der Steckdosen, Wahl der Bodenbeläge, Inneneinrichtung...
- ☐ Die Brücke zwischen Wunsch und Wirklichkeit schlägt dann schließlich der Zeitplan. Er

unterteilt das Projekt in überschaubare Etappen (Aushub, Fundament, Rohbau, Innenausbau, Außenanlagen ...) und koordiniert die einzelnen Schritte, die notwendig sind, um ein stabiles und ansehnliches Haus zu errichten (Vorgehensplanung).

Zusammengefasst:

Aus Wünschen und Visionen wird ein Drehbuch für das Handeln erarbeitet

- ☐ **Aus Wünschen und Visionen werden klare Ziele formuliert. Die werden aufgeteilt und immer feiner differenziert, bis sie schließlich in präzisen Detailbeschreibungen münden. Daraus ergibt sich ein Drehbuch für das Handeln.**

Dieses Planen in Etappen sollten Sie sich bei persönlichen wie bei unternehmerischen Herausforderungen zur Selbstverständlichkeit werden lassen.

Erfolgsbaustein 10: Visionen

Wünsche sind der stärkste Antriebsmotor für Erfolge

> *„Wenn das Leben keine Vision hat, nach der man strebt, nach der man sich sehnt, die man verwirklichen möchte, dann gibt es kein Motiv, sich anzustrengen."*
>
> (Erich Fromm)

Ziele entstehen nicht ausschließlich aus der rationalen Bestandsaufnahme der Analyse. Die stärksten Ziele entwickeln sich vielmehr aus dem Unterbewusstsein, aus unseren innersten Wünschen und Sehnsüchten.

Die stärksten Ziele entwickeln sich aus dem Unterbewusstsein

Ausgangspunkt für eine realistische, konkrete Zielformulierung sind deshalb unsere Wünsche und Visionen – erstrebenswerte Situationen, die wir vor unserem geistigen Auge sehen. Sie sind die treibende Kraft im menschlichen Leben. Gleichsam der Zielhafen, den man erreichen will, ohne jedoch den Weg dorthin bereits zu kennen. „Unsere Wünsche sind Vorgefühle der Fähigkeiten, die in uns liegen, Vorboten desjenigen, was wir zu leisten imstande sein werden", beschrieb es Goethe gleichermaßen blumig wie treffend.

Die Visionen von heute sind die Erfolge von morgen. Sie können verrückt und auf den ersten Blick unerreichbar sein. Noch vor wenigen Ge-

Die Visionen von heute sind die Erfolge von morgen

nerationen wurde lauthals ausgelacht, wer davon sprach, dass Menschen eines Tages von Kontinent zu Kontinent oder gar zum Mond fliegen könnten. Und doch: Der Traum wurde wahr – und heute erscheint selbst der Spaziergang auf dem Mars nicht mehr völlig illusorisch.

Visionen sollten vor dem geistigen Auge sichtbar sein wie ein Foto oder Gemälde

Je weiter die erstrebenswerten Situationen in der Zukunft liegen, desto utopischer und visionärer können sie sein. Wichtig ist nur, dass sie vor dem geistigen Auge sichtbar sind wie ein Foto oder Gemälde.

Vage Vorstellungen von einer Vision und schwammige Allgemeinplätze („mein Ziel ist es, dass es mir gut geht, dass ich erfolgreich bin, dass ich gesund bleibe ...") motivieren sicher nicht zu außergewöhnlichen Anstrengungen. Sie können lange nicht die kraftvolle Wirkung entfalten, die von detailliert beschriebenen Wunschvorstellungen ausgeht.

Sehen Sie sich jubelnd auf dem Siegertreppchen

Innere Bilder fördern die Leistung

Sportler kennen die Leistung fördernde Wirkung der inneren Bilder: Viele Weltmeister und Olympiasieger hatten die Vision von internationalem Erfolg und Ruhm bereits in ihrer Kindheit. Vor ihrem inneren Auge sahen sie sich im ausverkauften Stadion jubelnd ganz oben auf dem Siegerpodest. Und dieser Traum, dieser tief verwurzelte Wunsch, gab ihnen die Kraft, jahre- oder gar jahrzehntelang hartes Training und manchen Verzicht auf sich zu nehmen.

Genauso bildhaft sollte Ihnen auch Ihre private Zukunft vor Ihrem inneren Auge präsent sein: die glückliche Familie, das schöne Zuhause, erfüllende Freizeitbeschäftigungen, ausreichend Zeit zum Genießen ... – all das, was Sie mit einem erfolgreichen und wünschenswerten Leben verbinden.

Lockende Ziele entfalten eine magnetische Wirkung

Lockend, herausfordernd, motivierend müssen diese Fern-Ziele sein! Dann entfalten sie eine magnetische Wirkung, die permanent vorwärts zieht, über Hindernisse hinweghilft, an Kreuzungen die Richtung weist.

Praxistipp Wünscheliste:

Sammeln Sie Ihre Wünsche und Visionen

- ▷ Legen Sie sich eine Wünscheliste oder einen Wünscheordner an, vielleicht sogar ein wertvolles, in edles Leder gebundenes Wünschebuch.
- ▷ Schreiben Sie dort auf, was Sie einmal schaffen, erreichen oder haben wollen.
- ▷ Schwelgen Sie in Gefühlen und beschreiben Sie sehr emotional, was diese Wünsche für Sie bedeuten.
- ▷ Verstärken Sie die Kraft Ihrer Worte durch Bilder oder Fotos, die Ihre Wünsche symbolisieren.
- ▷ Blättern Sie regelmäßig in Ihrer Wünschesammlung, lassen Sie sich von der Kraft Ihrer Visionen motivieren und inspirieren.

Für unternehmerische Visionen gilt dasselbe: Unternehmer sollten im Geiste deutlich und bildhaft sehen, wie sich ihre Firma in ferner Zukunft entwickelt hat – und diesen Zustand dann detailliert beschreiben: die Rekordzahlen, die schmucken Firmengebäude, die beliebten und begehrten Produkte, der hervorragende Ruf bei Kunden und Öffentlichkeit, die Attraktivität der

Marke, die strahlenden Mitarbeiter, die begeisterten Kunden ...

Gelingt es dem Chef, sein Team ebenfalls für seine unternehmerischen Visionen zu begeistern, ist er ihnen bereits einen großen Schritt näher gekommen. Die Wirkung von gemeinsamen Zielen ist ja hinlänglich belegt: Wenn Mitarbeiterinnen und Mitarbeiter an den Unternehmenszielen aktiv mitgestaltet haben, wenn sie sich mit den Zielen voller Überzeugung identifizieren, wenn sie von ihrer Kraft, von ihrem Sinn und ihrer Notwendigkeit überzeugt sind, dann setzen sie sich auch mit all ihrer Energie und Kreativität dafür ein, diese zu erreichen.

„Ich ermutige die Menschen kühn zu träumen"

Jack Welch, der frühere Erfolgsmanager von General Electric, setzte deshalb auch bei seinen Mitarbeitern auf die Kraft der Visionen: „Ich ermutige die Menschen, kühn zu träumen, Visionen zu entwickeln", antwortete er auf die Frage, wie er denn die Leistungen seiner Führungskräfte weckt und mobilisiert. Denn: Wer Visionen und Ziele mit entwickeln darf, wird auch an deren Umsetzung überaus engagiert mitwirken.

„If you can dream it you can do it"

Einer der ganz großen Visionäre war sicher Walt Disney. Einerseits ein genialer und kreativer Kopf, der in seiner Vorstellung Bilder, Zeichnungen, ja ganze Filme entwerfen konnte. Andererseits ein pragmatischer Unternehmensführer, der mit seiner geschickten Schutzrechtestrategie sein Leistungsprogramm weltweit absichern konnte.

Sein Wahlspruch hing in seinem Büro – und zeugt von der gewaltigen Kraft, die in ihm steckte: „If you can dream it you can do it." (Wenn du dir etwas vorstellen kannst, kannst du es auch erreichen.) In Vorträgen vor seinen Führungskräften betonte er diese erfolgsentscheidende Bedeutung der Vorstellungskraft immer wieder: Der Mensch kann nur das realisieren, was er bildhaft und gefühlsmäßig vor seinem geistigen Auge sieht.

Welche Kraft und Ausdauer große Visionen auslösen können, bewies Walt Disney selber, als er seinen ersten Vergnügungspark bauen wollte: Eine Bank nach der anderen lehnte ab, als er um eine Finanzierung des für damalige Zeiten noch sehr ungewöhnlichen Großprojektes anfragte: „Zu riskant!" Doch Walt Disney ließ sich von den zahlreichen Abfuhren nicht entmutigen – seine Vision gab ihm die Kraft, es immer wieder zu versuchen. Bis er endlich von der 302. (!!!) Bank die ersehnte Finanzierungszusage bekam. „If you can dream it you can do it."

Seine Vision gab Walt Disney die Kraft, es immer wieder zu versuchen

Eine Kraft, die Berge versetzen kann

Die Vision ist die langfristige Leitlinie, an der sich unternehmerische Entscheidungen orientieren und ausrichten. Aber nur dann, wenn sie nicht die Vorgabe eines Einzelnen ist, sondern von allen im Unternehmen getragen ist, in den Köpfen der Mitarbeiter ebenfalls als erstrebenswertes Fernziel verankert ist.

Die Vision ist die langfristige Leitlinie für alle Entscheidungen

Wenn die Vision im Unternehmen kaskadenartig heruntergebrochen wird auf Bereiche, Abteilungen, Gruppen, ja wenn jeder Einzelne sich diese Vision für seinen Aufgabenbereich interpretiert, dann entfaltet sie eine Kraft, die Berge versetzen kann!

Erfolgsbaustein 11: Phantasie

Nutzen Sie die emotionale Kraft Ihrer Visionen

> *„Du siehst Dinge und fragst 'Warum?' Doch ich träume von Dingen und sage: 'Warum nicht?'"*
>
> (George Bernard Shaw)

Visionen sind Triebfedern für das menschliche Denken und Handeln

Visionen entwickeln sich aus unseren Neigungen und Begabungen. Sie sind Triebfedern für das menschliche Denken und Handeln, aktivieren unsere emotionale Energie, wecken Kraft und Phantasie.

Konkrete Ziele dagegen leiten sich aus dem Bewusstsein ab und beeinflussen neben dem inneren Antrieb vor allem unsere rationalen Fähigkeiten. Eine besondere Wirkung entfalten vor diesem Hintergrund Ziele, die uns unseren Wünschen und Visionen näher bringen.

Voraussetzung für eine erfolgswirksame Zielplanung ist es also, dass Sie sich über Ihre individuellen Visionen klar werden. Das gilt für den Privatbereich ebenso wie für Beruf und Unternehmen.

Wenn Sie aus Ihren Visionen konkrete, lockende Ziele für sich persönlich oder für Ihre Firma erarbeiten wollen, sollten Sie Ihre Visionen gezielt „suchen", festhalten und verarbeiten.

- ☐ Betrachten Sie zur Einstimmung noch einmal Ihre persönliche beziehungsweise Ihre Unternehmens-Analyse: Welche Mängel, welche Stärken und welche Chancen haben Sie für sich, für Ihre Firma herausgearbeitet? Welche Ziele ergeben sich daraus?

- ☐ Bleiben Sie aber nicht bei der rationalen Bestandsaufnahme stehen. Wagen Sie zu träumen, nutzen Sie die emotionale Kraft Ihrer Wünsche und Visionen.

Wagen Sie zu träumen

- ☐ Um Visionen „sehen" und beschreiben zu können, brauchen Sie Ruhe sowie eine kreative, angenehme Atmosphäre und Umgebung. Der Schreibtisch im Büro ist hierfür sicher nicht der richtige Ort. Suchen Sie sich deshalb weitab vom Tagesgeschäft einen geeigneten, stimulierenden „Platz zum Träumen", an dem Sie garantiert ungestört sind und den Alltag hinter sich lassen können.

Suchen Sie sich einen stimulierenden „Platz zum Träumen"

- ☐ Machen Sie sich die Bedeutung der Visionen für Ihre persönliche Zukunft bewusst: Sie sollen eine magische Anziehungskraft auf Sie ausüben, sollen der nie zur Neige gehende „Treibstoff" für Ihren inneren Motor sein, sollen Leidenschaft und Begeisterung in Ihnen anzünden. Das sollte es Ihnen wert sein, sich für das visionäre Träumen ausreichend Zeit und Muße zu nehmen.

Nehmen Sie sich Zeit und Muße

Entwerfen Sie ein bildhaftes Zukunftsszenario

- ☐ Träume sind vor allem Bilder und Gefühle – und nur ganz selten auch Text. Oder haben Sie schon einmal mehrere Seiten Schreibma-

Lassen Sie Ihre Gedanken fließen

schinentext geträumt? Schließen Sie deshalb die Augen, lassen Sie die Gedanken fließen und entwerfen Sie ein möglichst bildhaftes Szenario Ihrer Zukunft. Versuchen Sie, ganz in der Ferne das Ziel zu sehen, das Sie persönlich und mit Ihrem Unternehmen erreichen wollen.

☐ Denken Sie daran, dass Ihre Vision möglichst alle vier Hauptbereiche des menschlichen Lebens berühren sollte: das Materielle (was haben Sie?), den mitmenschlichen, sozialen Bereich (in welchem Umfeld leben Sie?) sowie die Aspekte Anerkennung (wofür schätzt man Sie?) und Gesundheit (wie geht es Ihnen?).

Beschreiben Sie das „Zielfoto", das Sie am Gedankenhorizont sehen

☐ Fassen Sie Ihre Vision in Worte: Beschreiben Sie das „Zielfoto", das Sie am Gedankenhorizont entdecken. Machen Sie es wie Architekten, Designer oder Modeschöpfer: Bringen Sie bildhaft zu Papier, was Sie vor Ihrem geistigen Auge sehen. So verschaffen Sie sich Klarheit über Ihre wahren Wünsche und Bedürfnisse.

Machen Sie sich so richtig Lust auf Ihre Ziele

☐ Verwenden Sie emotionale Ausdrücke, schildern Sie Ihre Bilder in prächtigen Farben und lockenden Formulierungen. Machen Sie sich durch die Emotionalität so richtig Lust auf das Erreichen der fernen Ziele. Wenn Sie dafür begabt sind, können Sie Ihre Vision auch anders darstellen: gemalt, gezeichnet, als geklebte Collage von Fotos oder Bildern...

- ☐ Formulieren Sie die Vision so, als ob Sie diese bereits erreicht hätten – das motiviert die innersten Kräfte. Je deutlicher und bildhafter Sie sich selbst am erreichten Ziel sehen und beschreiben, desto besser gelingt Ihnen eine Zielformulierung, die Sie gerade dann besonders motiviert, wenn Zweifel an der Realisierbarkeit des Zieles aufkommen wollen oder sich mögliche Hindernisse in den Weg stellen.

Formulieren Sie Ihre Vision so, als ob Sie diese bereits erreicht hätten

- ☐ Machen Sie sich auch klar, was Sie an dieser Vision lockt und begeistert.

- ☐ Denken Sie daran, dass es sich hier wirklich um Ihren Lebenswunschtraum handeln sollte. Tun Sie deshalb so, als ob es die gute Fee gäbe, die Ihnen jeden Wunsch erfüllt.

- ☐ Schreiben Sie hemmungslos alle Ihre Wünsche und Visionen auf, auch wenn sie Ihnen momentan noch so verrückt erscheinen. Kümmern Sie sich noch nicht darum, ob Sie bereits einen Weg zu diesen Zielen sehen – das kommt erst in einem späteren Planungsschritt. Wer als erstes an mögliche Schwierigkeiten denkt, bremst die Kraft seiner Begeisterung und Phantasie.

Kümmern Sie sich noch nicht um den Weg zu Ihren Zielen

- ☐ Legen Sie sich eine Liste Ihrer Visionen an. Sehen Sie sich diesen „Wunschzettel" regelmäßig durch und aktualisieren Sie ihn.

Nach dieser träumerischen Reise in die Zukunft geht's jetzt wieder in die reale Gegenwart: Aus Ihren Visionen erarbeiten Sie sich methodisch und systematisch die richtigen, motivierenden Erfolgsziele für sich persönlich und für Ihr Unternehmen (siehe Erfolgsbaustein 12: Zielplanung).

Erfolgsbaustein 12: Zielplanung

Langfristige Ziele helfen bei allen Entscheidungen

> *„Das Ziel muss man früher kennen als die Bahn."*
>
> (Jean Paul)

Um vom Träumen ins Handeln zu kommen, müssen Sie aus Ihren Wünschen und Visionen konkrete, unmissverständliche Erfolgsziele ableiten. Marksteine, an denen Sie sich langfristig orientieren können.

Konkret formulierte Ziele lenken die Anziehungskraft von Wünschen in die richtigen Bahnen

Die Fixierung Ihrer Visionen in eindeutigen, kontrollierbaren Zielformulierungen hat eine Initial-Wirkung: Sie lenkt die Anziehungskraft Ihrer Wünsche systematisch in die richtigen Bahnen. Je klarer Sie beschreiben, was Sie erreichen wollen, desto gezielter können Sie den Weg dorthin planen und gehen. Und auch Ihre innere Energie, Ihr Unterbewusstsein richtet sich konzentriert auf das deutlich sichtbare Ziel aus. Je präziser Sie es formulieren, desto geringere Chancen hat der gefürchtete „innere Schweinehund", Sie zurückzuhalten.

Um das richtige Vorgehen planen zu können, müssen Sie Ihre Ziele zeitlich differenzieren und festlegen, wo Sie lang-, mittel- und kurzfristig hin wollen:

- ☐ Der Lebenszielplan beschreibt Ihre Wünsche und Visionen und weist Ihnen so die grobe Richtung.
- ☐ Der Periodenzielplan verknüpft das Gewünschte mit dem Machbaren in überschaubaren Zeiträumen.
- ☐ Im Jahreszielplan entwickelt sich dann die machbare Realität.

Lebens- und Periodenzielplanung ist die fundamentale Pflichtaufgabe für die Unternehmensleitung. Mit dieser „strategischen Planung" legt das Management die grundsätzliche Ausrichtung des Unternehmens beziehungsweise der Marke fest. Erst nach dieser Basisarbeit ist eine Erfolg versprechende operative Planung möglich, die kurzfristigere Ziele und Aktivitäten bis hin zum Tagesgeschäft regelt.

Bildlich ausgedrückt bestimmt der strategische Plan durch das Festlegen des Fernziels die Marschrichtung. Mit der operativen Planung wird der genaue Weg für die einzelnen Vorgehensschritte festgelegt – ein Weg, der sich, abhängig von vielen kleinen Einflussfaktoren, durchaus rechts und links der gedachten Direktverbindung voranschlängeln kann.

Strategische Planung bestimmt die Marschrichtung

Der Schwerpunkt Ihrer Gedankenarbeit als unternehmerisch denkende Führungspersönlichkeit sollte deshalb bei der langfristigen Planung liegen. Denn wenn Sie die Weichen falsch gestellt haben, können Sie operativ planen, was Sie wollen – Sie werden in die falsche Richtung gehen. Mit den richtigen Fernzielen hingegen bleiben Sie auch mit Ihren kurzfristigen Entscheidungen stets auf Kurs.

Wichtig ist, die Weichen von Anfang an richtig zu stellen

Praxistipp zur Vereinbarkeit von Zielen:

Ziele von Chef und Firma müssen in Einklang stehen

In mittelständischen Betrieben, vor allem in Familienunternehmen, ist es unerlässlich, dass die persönlichen Ziele des Chefs und die Ziele seiner Firma in Einklang stehen. Denn Privat und Beruf ist bei Unternehmerfamilien (wie auch bei vielen Führungskräften) meist derart verwoben, dass es für einen der beiden Bereiche sehr kritisch werden kann, wenn Ziele und Strategien nicht aufeinander abgestimmt sind.

Ist beispielsweise die angestrebte Neuausrichtung der Firma nur durch verstärkte Präsenz und vermehrtes Engagement des Chefs über einen längeren Zeitraum zu realisieren, kann dieser nicht gleichzeitig als sein wichtigstes privates Ziel ein Mehr an Urlaub und mehr (Frei-)Zeit für die Familie anstreben.

Erfolgsbaustein 13: Lebenszielplan

Wo soll es langfristig hingehen?

> *„Nur der Geist, der unverrückbar an ein fernes, schönes Ziel glaubt, vermag die Lebenskraft sich zu erhalten, die ihn über den Alltag hinwegführt."*
>
> (Gustav Stresemann)

Sie brauchen für sich persönlich und für Ihr Unternehmen zunächst mal ein Lebensziel: Wo soll die Reise hingehen? Welchen Sinn und Wert wollen Sie Ihrem Leben geben?

Als leuchtender Leitstern Ihres Lebens bestimmt dieses ferne Ziel alles weitere. Denn wenn Sie wissen, wo Sie persönlich oder mit Ihrem Unternehmen letztendlich hin wollen, können Sie auf dem Weg dorthin jede Entscheidung daran orientieren, ob diese Sie dem anvisierten Ziel näher bringt.

Leuchtender Leitstern Ihres Lebens

Messlatte für Entscheiden und Handeln

So wird Ihr Lebensziel zur übergeordneten Richtschnur für Ihre mittel- und kurzfristige Planung. Und zur Meßlatte für jede Ihrer Entscheidungen und Handlungen. Wer keine langfristigen Perspektiven und Strategien hat, der wird leicht zum Spielball der äußeren Einflüsse. Ihr

Lebensziel gibt Ihnen Sicherheit und ermöglicht Ihnen dadurch ein weitgehend selbstbestimmtes Leben.

Seien Sie bei der Formulierung Ihres Lebenszieles mutig und visionär

Viele Menschen sind zu vorsichtig. Sie setzen sich die Messlatte zu niedrig – und erreichen ihr vermeintliches Lebensziel schon nach wenigen Jahren. Seien Sie also bei der Planung Ihres Lebenszieles mutig und visionär. Es sollte eine echte Herausforderung sein. Ein starkes, anspruchsvolles Ziel, das über Jahrzehnte hinweg seine Anziehungskraft entfalten kann.

Rückblick auf das eigene Leben

Formulieren Sie Ihre Lebenszielplanung im Rückblick vom erreichten Ziel aus

Ihre Lebenszielplanung sollten Sie immer in der Rückschau formulieren, also vom erreichten Ziel aus. Versetzen Sie sich hierzu gedanklich beispielsweise in ein Alter von 70 oder 80 Jahren. Schauen Sie zurück auf Ihr privates und berufliches Leben. Schreiben Sie auf, was Sie erlebt, erreicht und geschaffen haben, wie sich Ihr Lebenslauf entwickelt hat:

- ☐ **Was haben Sie im Privatleben erreicht?** (Denken Sie dabei nicht nur an das Materielle, sondern berücksichtigen Sie auch familiäre, gesellschaftliche, soziale, gesundheitliche und andere Aspekte.) Welche Menschen bedeuten Ihnen viel, für welche Menschen sind Sie aus welchem Grund ganz besonders wertvoll? Für was haben Sie sich in Ihrem Leben sehr engagiert und erfolgreich eingesetzt? Welche Nutzenernte haben Sie erzielt?

- ☐ **Was haben Sie beruflich erreicht?** Was haben Sie geleistet, welche außergewöhnlichen

Erfolge haben Sie erzielt? Was kam an Nutzenernte zurück? Wie steht Ihre Firma da? Welchen Wert hat sie für die Gesellschaft, für die Volkswirtschaft? Welche Anziehungskraft übt sie auf Markt, Kunden, Geschäftspartner, Öffentlichkeit, aber auch auf die Mitarbeiterinnen und Mitarbeiter aus? Welchen Beitrag haben Sie dazu geleistet? Wie hat sie sich nach Ihrem Ausscheiden entwickelt?

- ☐ Hier noch ein Tipp, falls Sie sich schwer tun mit dieser Gedankenreise in eine ferne Zukunft: Versetzen Sie sich in die Lage Ihres besten Freundes, der die Festrede zu Ihrem 75. Geburtstag hält. Was erzählt er über Sie und Ihr Leben? Oder Sie sind der Chefredakteur Ihrer Lokalzeitung, der zu diesem 75. Geburtstag einen Artikel schreibt, in dem er Sie sehr persönlich porträtiert und Ihre vielfältigen Verdienste würdigt.

Schreiben Sie eine Laudatio für sich selbst

- ☐ Wichtig bei Ihrer Lebenszielplanung: Formulieren Sie wirklich große Ziele, die Sie über viele Jahre oder Jahrzehnte hinweg begleiten und motivieren. Schreiben Sie ungeniert alle Wünsche auf, die Sie zum Ende Ihres Lebens gern verwirklicht sehen wollen. Lebensziele dürfen Träume nahe der Utopie sein, können phantastisch und aus heutiger Sicht vielleicht sogar unerreichbar erscheinen – ob und wie sie zu erreichen sind, braucht Sie in dieser Planungsphase noch nicht zu interessieren; das kommt frühestens – zumindest ansatzweise – im Periodenzielplan.

Setzen Sie sich wahrlich große, motivierende Ziele

- ☐ Bringen Sie in der Beschreibung Ihrer Lebensziele vor allem auch Gefühle zum Aus-

Emotionen bringen Energie zum Fließen

druck. Beispielsweise den berechtigten Stolz auf das, was Sie erreicht haben. Freude über ein geglücktes und erfülltes Wirken. Spaß am Nutzenbieten und Gestalten. Liebe zu Ihrer Familie, zu Ihren Freunden, zur menschlichen Gemeinschaft. Emotionen nämlich bringen Energie zum Fließen und verstärken so die lang anhaltende Kraft Ihrer Lebensziele.

☐ Belassen Sie es nicht bei einer einmaligen Beschreibung. Ihre Lebenszielplanung muss mit Ihnen „mitleben“, muss immer wieder den aktuellen Gegebenheiten angeglichen werden. Prüfen Sie deshalb regelmäßig, am besten einmal im Monat, ob wirklich noch alles passt. Aktualisieren Sie Ihre Aufzeichnungen, wann immer es Ihnen notwendig erscheint.

Lebensziel erleichtert flexibles Reagieren

Für Firmen sollte es eine Selbstverständlichkeit sein, in einem Lebensziel die langfristige Ausrichtung festzulegen. Ist doch diese strategische Aussage unverzichtbare Voraussetzung für das operative Geschäft: Erst wenn Einigkeit über das „Wohin?“ besteht, kann auch das „Wie?“ geplant werden.

Orientierung am Fernziel hilft, flexibel zu reagieren

Gerade im Geschäftsleben muss ja häufig flexibel auf unvorhergesehene Entwicklungen oder Notwendigkeiten reagiert werden. Wer sich in dieser Situation an einem Fernziel orientieren kann, wird sicher leichter zu einer guten Lösung finden, als wenn die langfristige Ausrichtung des Unternehmens nicht geklärt ist.

Wichtig für Unternehmens-Lebensziele: Sie sollten ihre motivierende Kraft nicht nur für den

Anregungen zum persönlichen Lebensziel:

Welchen Sinn und Wert soll Ihr Leben haben?

In Ihrem persönlichen Lebensziel beschreiben Sie, welchen Sinn und Wert Ihr Leben haben soll, welche Visionen und Wünsche Sie realisieren wollen. Beantworten Sie sich hierzu beispielsweise folgende Fragen:

- Welche Wünsche habe ich im Laufe meines Lebens erfüllt, um ihm Sinn zu geben und um es sehr lebenswert werden zu lassen?
- Mit welchen privaten und beruflichen Leistungen habe ich meinem Leben einen bedeutenden Wert gegeben?
- Wem habe ich im Laufe meines Lebens welchen Nutzen geboten?
- Welche Mängel und Schwierigkeiten habe ich im Laufe meines Lebens bewältigt und zum Positiven gewendet?
- Für welche Leistungen in meinem Leben habe ich welche Anerkennung bekommen? Von welchen Menschen werde ich für welche Leistungen besonders wertgeschätzt?
- Über welche Ereignisse, Erlebnisse und Erfolge in meinem Leben freue ich mich ganz besonders?

Beantworten Sie jede Frage unter den vier Aspekten materielle Ziele, mitmenschliche Ziele, Anerkennungsziele sowie Gesundheitsziele und jeweils aus Sicht des erreichten Endzustandes.

Chef entfalten. Die gesamte Führungscrew sowie alle Mitarbeiterinnen und Mitarbeiter müssen von diesen langfristigen Perspektiven derart „gebissen" sein, dass sie sich über viele Jahre hinweg mit all ihrer Kraft und Energie dafür engagieren, diese Ziele auch tatsächlich einmal zu erreichen.

Lebensziele müssen zur „Persönlichkeit" des Unternehmens passen

Um dies zu schaffen, müssen die Ziele so formuliert werden, dass sie für alle nachvollziehbar, verständlich und überzeugend sind. Das setzt auch voraus, dass die Ziele tatsächlich zur Firma passen – zur „Persönlichkeit", zum „Profil", zur „Kultur" und zum „Stil" des Unternehmens. Ebenso müssen die Ziele zu den Menschen passen – zu den Persönlichkeiten, Begabungen, Fähigkeiten und Anlagen der Führungskräfte wie der Mitarbeiter.

Unternehmens-Lebensziele sollten auch die Mitarbeiter begeistern

Und ähnlich wie beim persönlichen Lebensziel sollten Sie Ihre Unternehmens-Lebensziele möglichst emotional beschreiben. Denn auch hier gilt: Gefühle bringen Energien zum Fließen, fördern Kraft und Kreativität. Je stärker die langfristigen Ziele Ihre Mitarbeiterinnen und Mitarbeiter nicht nur rational ansprechen, sondern auch emotional berühren, desto stärker wird die Wirkung dieser Ziele sein.

Lebensziel und Unternehmens-Leitbild

Das Lebensziel eines Unternehmens gibt nicht zuletzt Auskunft darüber, durch welche besonderen Qualitäten sich die Firma beziehungsweise Marke gegenüber den Mitbewerbern auszeichnet. Aus dieser klaren Positionierung und Differenzierung können Sie ein individuelles

Anregungen zum Unternehmens-Lebensziel:

Was soll Ihre Firma schaffen und erreichen?

Beschreiben Sie in Ihrer unternehmerischen Lebenszielplanung mutig und visionär, welche Ziele Sie mit Ihrer Firma langfristig erreichen wollen. Welche Bedeutung soll das Unternehmen für welche gesellschaftlichen Bereiche/Gruppen oder für welche Menschen haben? Was wollen Sie leisten, schaffen und erreichen? Mit welchen Aufgaben, Produkten oder Dienstleistungen? Für was sind Sie bekannt, geachtet und beliebt? Welche Nutzenernte wollen Sie erzielen?

Beantworten Sie sich hierzu beispielsweise die folgenden Fragen, jeweils wieder aus Sicht des erreichten Endzustandes. (Wenn Sie kein Unternehmer sind: Übertragen Sie diese Fragen auf Ihren beruflichen Verantwortungs- und Tätigkeitsbereich.)

- ▶ Welche unternehmerischen Leistungen und übergeordneten Ziele habe ich erreicht und so meiner Tätigkeit als Unternehmer einen besonderen Sinn gegeben? Aus welchen Gründen kann auch die nächste Führungsgeneration mit Stolz auf das Erreichte zurückblicken? (Dabei berücksichtige ich, dass ich in meinem Unternehmen nicht nur meine persönlichen Lebensziele verwirklicht, sondern durch das Unternehmen auch der Gesellschaft und dem einzelnen Menschen größten Nutzen geboten habe.)
- ▶ Welchen Menschen und Zielgruppen (Kunden, Mitarbeiter, Geschäftsleitung, Führungskräfte, Zulieferer, Behörden, Banken, ...) hat mein Unternehmen in den letzten Jahrzehnten welchen besonderen Nutzen geboten? Wem haben wir geholfen, erfolgreich zu sein, Probleme zu lösen, seine Bedürfnisse zu befriedigen?
- ▶ Welche materiellen Ziele (Marktanteile, Eigenkapitalquote, Immobilien, Betriebs-/Geschäftsausstattung, ...) hat mein Unternehmen in den letzten Jahrzehnten erreicht?

- Welche mitmenschlichen Ziele (Arbeitsatmosphäre, Firmenkultur, Vertrauen, Harmonie, ...) hat mein Unternehmen in den letzten Jahrzehnten erreicht?

- Welche Anerkennung (guter Ruf, Image, Wertschätzung bei Mitarbeitern und in der Gesellschaft, ...) hat mein Unternehmen in den letzten Jahrzehnten erhalten? Durch welche Leistungen haben wir diese Wertschätzung jeweils erreicht?

- Was hat mein Unternehmen in den letzten Jahrzehnten für Gesundheit, Fitness und Wohlbefinden welcher Menschen getan? Welche Umwelt- und Gesundheitsgefährdungen (Schutz der Kunden, Mitarbeiter, ... vor Umweltbelastungen, vor gesundheitlichen Schäden, auch vor Arbeitsunfällen) haben wir vermieden, welchen Beitrag zum Umweltschutz haben wir geleistet?

Auch die unternehmerischen Lebensziele sind nicht endgültig. Sie sollten Ihre Ausarbeitungen deshalb regelmäßig – am besten einmal im Monat – überlesen. Überarbeiten und aktualisieren Sie Ihre Ziele, wann immer Sie es für richtig oder notwendig erachten.

Bringen Sie Ihren Nutzen auf den Punkt

Unternehmens-Leitbild entwickeln, wenn Sie die Aussagen noch weiter auf den Punkt bringen. In prägnanter Kürze, vielleicht nur in einem einzigen Satz, beschreibt dieses Leitbild den Nutzen, den das Unternehmen für Kunden, Gesellschaft, Mitarbeiter, Umfeld sowie andere Personen und Gruppen bietet – wie es also Wünsche erfüllt, Probleme löst, Freude vermittelt, Begeisterung auslöst ...

Viele so genannte Unternehmens-Leitbilder erfüllen diese Anforderungen nicht. „Wir sind der Partner unserer Kunden“ oder „Wir sind international anerkannt als innovatives Unternehmen" oder „Wir gehören mit unseren Produkten/Dienstleistungen zu den leistungsfähigsten Anbietern unserer Branche" – solche unscharfen Allerweltssprüche können die Eingangstür jeder beliebigen Firma zieren. Motivation und Begeisterung vermitteln sie ebenso wenig wie eine Botschaft, die wirklich rüberbringt, wofür das Unternehmen steht.

Ganz anders so emotionale Aussagen, wie sie häufig in der Werbung großer Marken zu finden sind. Gerade die Automobilfirmen sind sehr kreativ, wenn es darum geht, die Besonderheit der eigenen Marke auf den Punkt zu bringen: „Freude am Fahren" (BMW), „Vorsprung durch Technik" (Audi), „Besser ankommen" (Ford), „A class of its own" (Rover), „Frisches Denken für bessere Autos" (Opel). All das vermittelt in kürzester Form jeweils ein sehr differenziertes Bild der jeweiligen Markenausrichtung.

Differenziertes Bild der Markenausrichtung

Oder nehmen Sie den Medienbereich: „Dahinter steckt immer ein kluger Kopf" (FAZ), „Wissen, was wichtig wird" (Financial Times Deutschland), „Bild dir deine Meinung" (Bild), „Spiegel-Leser wissen mehr" (Spiegel) oder „Fakten, Fakten, Fakten" (Focus) – mit solchen rationalen wie emotionalen Positionierungen sprechen die Zeitungen und Magazine ganz bestimmte, ausgewählte Leserkreise an.

Ausgewählte Zielgruppen ansprechen

Auch in anderen Branchen versuchen die Markenartikler, ihre Vorzüge beziehungsweise ihre Eigenständigkeit in einer konzentrierten Botschaft auf den Punkt zu bringen. Beispielsweise: „Wir machen den Weg frei" (VR-Bank),

„Wohnst du noch oder lebst du schon?" (IKEA), „McDonald's ist einfach gut" (McDonald's), „Mit Maggi macht das Kochen Spaß" (Maggi) oder „Geiz ist geil" (Saturn). Das sagt bildhaft und sehr emotional, wofür diese Firmen stehen.

Machen Sie in einem prägnanten „Claim" eindeutig klar, welchen Nutzen Sie bieten

Orientieren Sie sich an den Großen: Machen Sie auch mit einem kleinen Unternehmen durch eine prägnante Kernaussage („Claim") eindeutig klar, welchen Nutzen Sie bieten und wie Sie sich in Ihrem Markt und gegenüber Ihren Mitbewerbern positionieren.

Lebensziele müssen aktualisiert werden

Lebensziele sind nicht in Stein gemeißelt

Natürlich sind Lebensziele nicht endgültig und unabänderlich in Stein gemeißelt. Im Laufe eines langen Lebens kann sich vieles ändern, auch die Bedeutung von Zielen und Wünschen. Damit ihre lang dauernde Anziehungskraft erhalten bleibt, müssen Lebensziele regelmäßig überprüft und aktualisiert werden. Mindestens einmal im Jahr sollten Sie sich fragen,

- ☐ ob die formulierten Lebensziele noch Gültigkeit haben
- ☐ ob Sie diese womöglich schon erreicht haben
- ☐ ob die Ziele hinfällig geworden sind
- ☐ ob neue Aspekte neue Zielformulierungen oder Textänderungen erfordern

Praxistipp zum Unternehmensleitbild:

Geben Sie Ihrer Firma eine eindeutige Identität

Ein starkes Unternehmensleitbild ...

▷ ... beschreibt den besonderen Nutzen, den das Unternehmen bietet

▷ ... gibt der Firma eine eindeutige Identität, positioniert sie gegenüber Öffentlichkeit, Kunden und Interessenten

▷ ... gibt Auskunft über die Kernkompetenz des Unternehmens sowie über die Grundsätze und Werte, für die es steht

▷ ... ist dadurch für Führung und Mitarbeiter eine permanente Orientierungshilfe für Pläne und Entscheidungen

▷ ... richtet alle Kräfte im Unternehmen langfristig auf das gemeinsame Ziel aus und wirkt so als anhaltende Motivationsquelle für alle in der Firma („Ja, hierfür lohnt es sich, dass ich mich jeden Tag anstrenge und engagiere!")

▷ ... vermittelt positive Gefühle wie Stolz, Freude, Begeisterung und stärkt das Wir-Gefühl im Unternehmensteam

▷ ... ist die Messlatte, an der sich langfristiger Erfolg messen lässt

Erfolgsbaustein 14: Periodenzielplan

Überschaubare Etappen auf dem Weg zum Lebensziel

> *„Am Ende sieht's ein Tor, ein Klüg'rer in der Mitte – und nur der Weise sieht das Ziel beim ersten Schritte."*
>
> (Friedrich Rückert)

Im mittelfristigen Periodenzielplan wird es etwas konkreter. Er umfasst etwa fünf bis zehn Jahre, also eine Zeitspanne, in der größere Schritte in Richtung Lebensziel möglich sind. Der Periodenzielplan unterteilt also den Weg zu Ihrem Endziel in überschaubare Etappen mit Zwischenzielen, die Ihnen immer wieder die Richtung zeigen:

Was werden Sie in den nächsten fünf bis zehn Jahren erreichen?

☐ Was werden Sie in den nächsten fünf bis zehn Jahren angehen und erreichen, um Ihrem privaten oder unternehmerischen Lebensziel dadurch einen großen Schritt näher zu kommen?

Ähnlich wie der Lebenszielplan soll auch der mittelfristige Periodenzielplan eine anhaltende Anziehungskraft und Dynamik entfalten, die Motivation, Ausdauer und Geduld über Jahre hinweg am Köcheln hält. Gehen Sie deshalb auch bei der Beschreibung Ihres Periodenzielplanes vom bereits erreichten Zustand aus („Zielfoto in Worten"!). Formulieren Sie wieder bildhaft und lebendig, damit der Plan eine kraftvolle Motivation entwickeln kann, die Ihnen über alle Stolpersteine und Hindernisse der nächsten Jahre hinweghelfen kann.

Für die private Periodenzielplanung empfiehlt sich ein Denken und Planen im Sieben-Jahres-Rhythmus. Dieser Takt bestimmt nach den Erkenntnissen der Mediziner unser menschliches Leben. Bei der unternehmerischen Planung kann es, beispielsweise in schnelllebigen Branchen wie dem IT-Bereich, sinnvoll sein, kürzere Perioden zu betrachten.

Planen Sie im Sieben-Jahres-Rhythmus

Ihren Periodenzielplan sollten Sie mindestens einmal jährlich aktualisieren, am besten dann, wenn Sie Ihren Jahreszielplan aufstellen (Erfolgsbaustein 15). Prüfen Sie dann, welche Aufgaben Sie erfolgreich erledigt haben, welche Projekte Sie im nächsten Jahr angehen werden, was Sie weiter im Periodenzielplan mitführen und was Sie schließlich neu aufnehmen.

Beim jährlichen Überarbeiten empfiehlt es sich, das erledigte Jahr aus dem Periodenzielplan herauszunehmen und ein neues Jahr hinten anzuhängen (rollierendes System). So haben Sie für Ihre mittelfristige Planung stets eine volle Periode von beispielsweise sieben Jahren zur Verfügung. Alternativ können Sie auch mit festen Zeitblöcken arbeiten, die sich dann eben Jahr für Jahr verkürzen.

Übersicht über mittelfristige Projekte

Periodenzielpläne sind auch immer dann hilfreich, wenn Projekte über mehrere Jahre laufen. Durch das sinnvolle Aufteilen auf eine längere

Komplexe Aufgaben und Herausforderungen auf mehrere Jahre aufteilen

Periode vermeiden Sie es, zu viel in zu kurzer Zeit erreichen zu wollen – und sich mit solchen Herausforderungen zu übernehmen. Im persönlichen Bereich sind Periodenzielpläne beispielsweise angebracht für Hausbau, Finanzplanung oder Karriereplanung; im unternehmerischen Bereich etwa zum Vorbereiten der Unternehmensnachfolge, bei Firmenneubauten, bei einer neuen Produktstrategie oder Marketingpolitik, beim Gang in neue Märkte oder auch bei der Planung der Personalentwicklung.

Klare Vorstellungen von der Zukunft

Periodenzielplan hilft beim Bankgespräch

Auch für die Gespräche mit Banken ist der unternehmerische Periodenzielplan eine hervorragende Basis. Er belegt dem Gesprächspartner durch die geordnete und gut aufbereitete Dokumentation der mittelfristigen Ziele und Strategien, dass der Unternehmer klare Vorstellungen davon hat, was er auf welchem Weg erreichen will. Ohne diesen Nachweis wird es ein Unternehmer schwer haben, zu vernünftigen Bedingungen an Kredite zu kommen.

Vertrauliches Arbeitsmittel der Führungskräfte

Eines sollten Sie beachten, wenn Sie einen Periodenzielplan für Ihr Unternehmen erarbeitet haben: Im Gegensatz etwa zum Lebenszielplan sollte er ein vertrauliches Arbeitsmittel Ihrer Führungskräfte bleiben. Denn dadurch, dass die mittelfristigen Planungen bereits konkrete Zwischenziele, Projekte und Maßnahmen enthalten, kann dieser Periodenzielplan in den Händen Ihrer Konkurrenz zu einem nicht zu unterschätzenden Risiko für Ihren Erfolg werden.

Anregungen zum Periodenzielplan:

Berücksichtigen Sie alle Lebensbereiche

Denken Sie in Ihrem persönlichen Periodenzielplan auch wieder daran, sämtliche Lebensbereiche zu beleuchten. Beschreiben Sie auch Ihre Periodenziele so, als ob Sie diese bereits erreicht hätten.

- Wie sieht mein Leben am Ende der gewählten Periode aus? Welchen Nutzen habe ich welchen Menschen/welchen Gruppen geboten? Was habe ich erreicht? Welche beruflichen und privaten Erfolge habe ich erzielt? Durch welche Leistungen und Aktivitäten?
- Welches Einkommen habe ich? Wie sieht meine Vermögenssituation aus?
- Wie hat sich meine Familiensituation entwickelt? Wie meine Freundschaften und persönlichen Netzwerke?
- Was tue ich neben dem Beruf? Wo und wie engagiere ich mich (gesellschaftlich, politisch, Nachwuchsförderung …)? Welche Hobbys pflege ich?
- Wie habe ich mich persönlich entwickelt (Gesundheit, Fitness, Weiterbildung, Fremdsprachen …)? Durch welche Maßnahmen habe ich das erreicht?

Das Gleiche gilt für Ihren unternehmerischen Periodenzielplan: Beschreiben Sie bildhaft, wie sich Ihr Betrieb am Ende der gewählten Periode unter verschiedenen Gesichtspunkten darstellt.

- Wie sieht die Situation für mein/unser Unternehmen in fünf bis zehn Jahren aus? Wie stellt sich unsere Kundenstruktur dar, wie der Markt, die Branche, die Wirtschaft allgemein?
- Welche Ausweitung oder Bereinigung hat es in unserem Produkt- und Dienstleistungsangebot gegeben? Mit welchen Innovatio-

nen/Weiterentwicklungen sind wir erfolgreich, welche Angebote haben wir aus dem Programm genommen?

- Welche neuen Verkaufs- oder Marketingkonzepte haben wir eingeführt? Haben wir neue Märkte oder neue Kundenkreise erschlossen? Haben wir neue Filialen eröffnet oder Zweigbetriebe geschlossen?
- Wie hat sich unsere Marken- und Unternehmensidentität (Corporate Identity) sowie das Auftreten unseres Unternehmens (Corporate Design, Kommunikation) weiterentwickelt?
- Welche strategischen Allianzen sind wir eingegangen oder haben wir gelöst?
- Wie hat sich unsere Finanzlage entwickelt? Welche Umsätze erwirtschaften wir, welche Gewinne?
- Welche größeren Investitionen (Forschung und Entwicklung, Baumaßnahmen, Immobilien, Anlagen, aufwändige Reparaturen/Ersatzanschaffungen, Mitarbeiterentwicklung, ...) haben wir getätigt?
- Welche personellen und strukturellen Entwicklungen hat es in unserem Unternehmen gegeben? Wie ist die Absicherung der Führungspositionen geregelt?

Erfolgsbaustein 15: Jahreszielplan

Konkreter Fahrplan für die nächsten zwölf Monate

> *„Den rechten Zeitpunkt zu wählen, heißt Zeit sparen."*
>
> (Francis Bacon)

Erst auf der Grundlage Ihrer mittel- und langfristigen Ziele können Sie sinnvolle Jahreszielpläne erarbeiten. Hier legen Sie fest, welche Ziele Sie in den nächsten Monaten erreichen wollen, um damit Ihren Perioden- und Lebenszielen näher zu kommen. Der Jahreszielplan enthält Ihre kurzfristigen Ziele als klare Handlungsvorgaben. Aus der strategischen Planung in Lebens- und Periodenzielplänen entwickelt sich also die operative Planung: Was werden Sie in den nächsten zwölf Monaten konkret tun und schaffen?

Kurzfristige Ziele als klare Handlungsvorgaben

Im Gegensatz zum visionären Lebenszielplan beschreibt der Jahreszielplan die machbare Realität in überprüfbaren Größen. Er ist für Sie das wirkungsvollste Instrument der (Eigen-)Kontrolle – denn zwölf Monate lang können Sie Ihre Leistungen und Ihr Vorwärtskommen Tag für Tag an diesem Plan messen. Wichtig ist deshalb das rechte Maß: Anspruchsvoll, aber erreichbar sollten die Ziele sein, denn Unterforderung kann ebenso demotivierend wirken wie eine Überforderung.

Machbare Realität in überprüfbaren Größen

Wichtigste Orientierungshilfe für den Alltag

Für Unternehmen und Beruf, aber auch für das Privatleben ist der Jahreszielplan das wichtigste Orientierungsmittel. Auf seiner Grundlage werden permanent Entscheidungen darüber getroffen, welche Aufgaben wichtig sind und deshalb angegangen werden sollten, welche Aufgaben demgegenüber keine Relevanz haben und folglich vernachlässigt werden können.

So hilft der Jahreszielplan im beruflichen Alltag stets weiter, beispielsweise bei der Frage, ob eine Aufgabe, eine Besprechung oder ein Telefonat notwendig ist, an einen Mitarbeiter delegiert werden sollte – oder ohne irgendwelche negativen Auswirkungen auf den Unternehmenserfolg ersatzlos entfallen kann.

Denn wichtig sind ja im Berufs- wie im Privatleben die Aktionen, die Sie Ihren mittel- und langfristigen Zielen näher bringen, die also Ihren Erfolg unterstützen. Jeder Tag, jede Entscheidung, jede Handlung sollte ein Schritt voran auf dem Weg zu Ihrem Jahresziel sein – und damit auch ein, wenngleich winziger, Schritt in Richtung Ihrer Perioden- und Lebensziele.

Jahresziele: Präzise und erreichbar

Jahresziele müssen konkret und nachprüfbar formuliert sein

Für den Jahreszielplan sind präzise Formulierungen ganz wichtig. Erst durch die exakten Angaben zu Größenordnungen oder Terminen lässt sich später feststellen, ob die geplanten Ergebnisse auch tatsächlich erreicht worden sind. Verzichten Sie auf schillernde Absichtserklärungen und Wunschträume. Legen Sie klare, nachvollziehbare und überprüfbare Ziele fest. Klären Sie bei Unternehmenszielen die Verantwortlichkeiten: Wer ist für die weitere Planung und für das Erreichen jedes einzelnen Zieles verantwortlich?

Bei Unternehmenszielen sollten auch Ihre Mitarbeiterinnen und Mitarbeiter von Sinn, Notwendigkeit und Realisierbarkeit dieser Ziele überzeugt sein. Alle Teammitglieder, nicht nur der oberste Führungszirkel, sollten zumindest beim Jahreszielplan die Möglichkeit haben, Wünsche und Anregungen für Ziele im neuen Geschäftsjahr einzubringen. Schließlich wissen die Mitarbeiterinnen und Mitarbeiter am besten, was in ihrem jeweiligen Bereich zu tun ist. Und erfahrungsgemäß motiviert kaum etwas so stark, wie die Arbeit an gemeinsam festgelegten Zielen.

Alle Teammitglieder sollten sich einbringen dürfen

Deshalb sollte es auch selbstverständlich sein, dass jeder im Unternehmen über die Endfassung des gemeinsam erarbeiteten Jahreszielplanes informiert wird beziehungsweise diese sogar in schriftlicher Form erhält.

Den Jahreszielplan sollten alle kennen und bekommen

Gerade bei den Jahreszielen gilt: Ziele sind nicht in Stein gemeißelt. Prüfen Sie regelmäßig, am besten monatlich, ob die einzelnen Positionen im Jahreszielplan noch unverändert gültig sind oder geändert werden müssen. Passen Sie Ihre Planungen gegebenenfalls einer veränderten Situation an. So konzentrieren Sie sich auf die wirklich wichtigen Dinge, anstatt sich von unnötig gewordenen Zielen und Aufgaben knebeln und ablenken zu lassen.

Passen Sie Ihre Jahresziele der aktuellen Situation an

Erfolgsbaustein 16: persönlicher Jahreszielplan

Schritt für Schritt in Richtung Ihrer Lebensvision

„Wer sich dem Notwendigsten widmet, geht überall am sichersten zum Ziel."

(Johann Wolfgang von Goethe)

Sammeln Sie das ganze Jahr über Ihre Ideen, Wünsche und Termine für den Zielplan des Folgejahres. Rechtzeitig vor Beginn des neuen Jahres sollten Sie dann damit beginnen, diese Sammlung zu strukturieren und attraktive Ziele zu formulieren. Ziehen Sie hierfür auch Ihre persönliche Analyse (Seiten 52/53) sowie Ihren persönlichen Lebens- und Periodenzielplan (Seiten 121 beziehungsweise 131) heran – denn mit jedem Ihrer Jahresziele wollen Sie ja einen Schritt in Richtung Ihrer Lebensvision tun.

Was wollen Sie in den nächsten zwölf Monaten verändern und erreichen?

Legen Sie schriftlich, klar und nachprüfbar fest, was Sie in den nächsten zwölf Monaten verändern und erreichen wollen. Welche Wünsche werden Sie sich erfüllen, welche Chancen werden Sie nutzen, welche Probleme werden Sie lösen? Berücksichtigen Sie dabei den privaten Bereich ebenso wie den beruflichen. Und beschränken Sie sich nicht auf materielle Ziele – denken Sie ebenso an Gesundheit, Partnerschaften, gesellschaftliches Engagement und anderes.

Verzichten Sie auf gute Vorsätze („Ich würde im nächsten Jahr gerne …"). Nehmen Sie sich durch messbare Erfolgsziele und präzise Formulierungen selbst in die Pflicht:

- ☐ „Zum 31. März höre ich mit dem Rauchen auf. Nach ärztlicher Untersuchung und Beratung treibe ich wieder regelmäßig Sport: dreimal in der Woche Laufen oder Fahrradfahren. Ende September habe ich meine körperliche Fitness so verbessert, dass ich eine halbe Stunde am Stück joggen kann. Mein Gewicht habe ich bis zu diesem Termin auf 70 Kilogramm reduziert."

Nehmen Sie sich selbst in die Pflicht

Wichtig für Ihre persönliche Jahreszielplanung: Erledigen Sie diese Weichenstellung für die nächsten Monate nicht schnell mal zwischendurch. Es geht um Ihre Erfolgsplanung, um Ihre eigene Zukunft! Nehmen Sie sich deshalb Zeit und Ruhe, um Ziele und Formulierungen zu finden, die Sie motivieren und voranbringen. Ideal ist es, wenn Sie sich einen halben Tag (oder ein Wochenende) ungestört an einen schönen Ort zurückziehen und in guter Stimmung Ihre Jahresziele festlegen.

Planen Sie ungestört und in guter Stimmung

Überladen Sie Ihren Jahreszielplan nicht. Komplexe Aufgaben sollten Sie besser in einem Periodenzielplan über einen längeren Zeitraum aufteilen, so dass Sie nur die ersten wichtigen Schritte für die nächsten Monate einplanen.

Nicht alle Ihre Jahresziele sind von gleicher Bedeutung. Vergeben Sie deshalb Prioritäten, damit Sie sich auf die für Ihren Lebenserfolg wirklich entscheidenden Aufgaben konzentrieren können:

- ☐ Priorität 1: muss ich in diesem Jahr auf jeden Fall erledigen
- ☐ Priorität 2: sollte ich, wenn irgend möglich, in diesem Jahr erledigen
- ☐ Priorität 3: kann ich auf das nächste Jahr verschieben, falls etwas Wichtiges dazwischenkommt

Anregungen zum persönlichen Jahreszielplan:

Was wollen Sie persönlich erreichen?

Fragen Sie sich für Ihren persönlichen Jahreszielplan beispielsweise:

- ▶ Welche Erfolge werde ich im privaten Bereich erreichen (Partnerschaft, Wohnen, Freunde, ...)? Welche Ziele sind mir dabei die wichtigsten?
- ▶ Welche beruflichen Ziele werde ich im nächsten Jahr erreichen, wie werde ich mich weiterentwickeln (Karriere, Aufgaben/Projekte, Weiterbildung, ...)?
- ▶ Welchen Nutzen (Anerkennung, Gehaltsentwicklung, ...) werde ich hierfür erhalten?
- ▶ Für welche mein Leben belastenden Probleme und Schwierigkeiten werde ich im nächsten Jahr eine Lösung herbeiführen?
- ▶ Welche privaten und beruflichen Partnerschaften und Kontakte sind mir im nächsten Jahr besonders wichtig? Wie kann ich diesen Menschen durch messbares Nutzenbieten ein wertvoller Freund oder Partner sein?

- Welchen Menschen werde ich im nächsten Jahr auf welche Weise eine Freude bereiten?
- Was werde ich im nächsten Jahr für meine körperliche Leistungsfähigkeit und Gesundheit tun? Welchen Ausgleich werde ich wann zur beruflichen Belastung schaffen (Erholung, Abwechslung, ...)?
- Welches Hobby/welche Freizeitbeschäftigung werde ich im nächsten Jahr intensivieren?
- In welcher Weise werde ich mich gesellschaftlich engagieren (Sportverein, Politik, Elternbeirat, ...)?
- Wie werde ich wann, wo und mit wem Urlaub verbringen und damit neue Lebenskraft tanken?
- Was werde ich im nächsten Jahr für meine berufliche Weiterentwicklung tun?
- Welche Ziele des laufenden Jahres muss/will ich in den neuen Jahreszielplan übernehmen?
- Welche Termine (Geburtstage, Jubiläen, Reisen, Besprechungen, ...) stehen bereits fest, welche Aufgaben und Projekte lassen sich schon heute zeitlich festlegen?
- Was werde ich im nächsten Jahr für meinen Vermögensaufbau tun (Finanzplanung)?

Erfolgsbaustein 17: Unternehmens-Jahresziele:

Denken Sie rechtzeitig an Ihren nächsten Jahreszielplan

> *„Wenn man guten Gebrauch von seiner Zeit machen will, muss man wissen, was am wichtigsten ist, und sich dann mit ganzer Kraft dafür einsetzen."*
>
> (Lee Iacocca)

Der Unternehmens-Jahreszielplan ist für Ihr Unternehmen und für Ihre Mitarbeiter die wichtigste Orientierungshilfe und Motivationsquelle für die tägliche Arbeit (siehe Praxistipps „So helfen konkrete Unternehmens-Jahresziele" auf Seite 142): Er bündelt die Kräfte aller für die Bewältigung der gemeinsam vereinbarten Herausforderungen.

Der Jahreszielplan ist Ihr roter Faden durch das Jahr

- ☐ Er ist Ihr roter Faden durch das Jahr. An ihm müssen sich alle Aktivitäten orientieren.
- ☐ Er beschreibt – im Gegensatz zu den längerfristigen Visionen – die machbare Realität in messbaren Größen.
- ☐ Er enthält konkrete Unternehmensziele, aus denen sich klare Handlungsvorgaben ergeben.

Leiten Sie Ihre Jahresziele aus den längerfristigen Zielen des Unternehmens ab: Ihre Jahresziele sollen Ihnen helfen, Ihren mittel- und langfristigen Unternehmenszielen näher zu kommen. Bedenken Sie deshalb vor dem Erarbeiten des Jahreszielplanes, wo denn Ihre Firma in fünf oder sieben Jahren und, ganz visionär, in 20 oder 50 Jahren stehen soll und welche kleinen Schritte Sie in diese Richtung gehen wollen.

Machen Sie eine Unternehmens-Situationsanalyse (Seiten 54 bis 56): Eine weitere Quelle für Ihre Ziele des nächsten Jahres ist eine ehrliche Unternehmens-Situationsanalyse. Stellen Sie Ihre Firma auf den Prüfstand: Wo steht sie heute? Welche Stärken hat sie, welche Schwächen, welche Chancen? Was wollen/müssen Sie anders machen? Warum und wie?

Nutzen Sie das Know-how Ihrer „internen Unternehmensberater": Ihre Mitarbeiterinnen und Mitarbeiter wissen am besten, wo es nicht so richtig rund läuft. Sie erfahren hautnah, wenn die Produktqualität nicht stimmt, wenn sich Kunden beschweren, wenn Arbeitsabläufe besser aufeinander abgestimmt sein müssten, wenn bestimmte Aufgaben spezielle Qualifizierungsmaßnahmen erfordern...

Ihre Mitarbeiterinnen und Mitarbeiter wissen am besten, wo es nicht so richtig rund läuft – nutzen Sie deren Anregungen

Mitarbeiterinnen und Mitarbeiter sind deshalb in aller Regel die besten Unternehmensberater – nutzen Sie deren Erfahrungen und Anregungen für Ihren Jahreszielplan. Wie Sie dabei im Einzelnen vorgehen, zeigen die „Anregungen zur unternehmerischen Jahreszielplanung" auf den Seiten 146 bis 148.

Machen Sie sich also spätestens im Herbst des laufenden Jahres gemeinsam mit Ihren Führungskräften und Mitarbeitern Gedanken, was

Praxistipps zur Jahreszielplanung:

So helfen konkrete Unternehmens-Jahresziele

▷ **Motivation:** Nichts motiviert Mitarbeiter mehr, als die Arbeit an gemeinsam festgelegten Zielen. Der im Team erarbeitete Jahreszielplan ist deshalb die beste Gewähr für Engagement und Motivation der Mitarbeiter.

▷ **Weichenstellung:** Mit einem zeitig verabschiedeten Jahreszielplan stellen Sie frühzeitig die Weichen. Das erhöht die Chance, dass Sie agieren können, anstatt auf Marktentwicklungen oder Konkurrenzaktionen reagieren zu müssen.

▷ **Orientierung:** Durch klare Zieldefinitionen wissen alle Mitarbeiterinnen und Mitarbeiter genau, wo die Reise hingehen soll. Das gibt ihnen Anhaltspunkte für ihr tägliches Handeln – eine große Hilfe vor allem in der Hektik des Tagesgeschäftes.

▷ **Synergieeffekt:** Motivierende Ziele sind der stärkste Antriebsmotor für Erfolge. Sie geben dem Handeln einen Sinn, steuern die Motivation, wecken die innersten Kräfte. Der strukturierte Jahreszielplan bündelt alle Kräfte im Unternehmen für die gemeinsam vereinbarten Herausforderungen.

▷ **Kontrolle:** Konkrete, nachvollziehbare Ziele erleichtern die kontinuierliche „Positionskontrolle". Alle Beteiligten wissen stets, wie nahe sie ihren individuellen Zielen im laufenden Jahr bereits gekommen sind. Bei Zielabweichungen können sie rechtzeitig und wirkungsvoll gegensteuern.

Sie mit Ihrem Unternehmen im kommenden Jahr erreichen wollen:

- ☐ Wie sollen sich in diesen zwölf Monaten Umsatz, Gewinn, Marktposition, Image, ... entwickeln?
- ☐ Was werden Sie bei Produkten und Dienstleistungen unternehmen (Verbesserungen, Innovationen, neue Betätigungsfelder, ...), was bei deren Vermarktung (Verkaufs- und Marketingaktivitäten, ...)?
- ☐ Wie können Sie sich noch wirksamer auf Ihre Kernkompetenzen konzentrieren (eventuell Leistungen zukaufen)?
- ☐ Welche Optimierungsmöglichkeiten werden Sie bei der Kundenorientierung nutzen (Stammkundenpflege, Neukundenakquisition, ...)?
- ☐ Welche öffentlichkeitswirksamen Aktivitäten (Medienarbeit, Werbung, Außenauftritt/Corporate Design, ...) werden Sie entfalten?
- ☐ Was werden Sie im Bereich Mitarbeiter tun (Neueinstellungen, Fort-/Weiterbildung, ...)?
- ☐ Welche Arbeitsabläufe werden Sie optimieren (Qualität, Wirtschaftlichkeit, Zusammenarbeit, Engpässe und Leerlauf reduzieren, ...)?
- ☐ Welche Investitionen in welcher Höhe haben Sie vor (Baumaßnahmen, Anschaffungen, Reparaturen, ...)?
- ☐ Welche Termine (Besprechungen, Kongresse, Geburtstage, Jubiläen, Reisen, ...) stehen bereits fest?
- ☐ Welche Aufgaben und Projekte lassen sich schon jetzt zeitlich festlegen?
- ☐ ...

Bedenken Sie auch den Nutzen Ihrer Ziele: Erfolgreich sind vor allem die Unternehmer, die ins Zentrum ihrer Bemühungen das Nutzenbieten stellen. Beschreiben Sie deshalb zu jedem Ihrer Jahresziele, welchen Nutzen Sie damit welcher Zielgruppe bieten. Das hilft Ihnen, den Wert Ihrer Ziele noch besser beurteilen zu können. Machen Sie sich aber ebenso klar, welchen Nutzen Sie dadurch ernten wollen.

Formulieren Sie Ihre Ziele schriftlich: Definieren Sie schriftlich, was Sie im nächsten Jahr mit Ihrem Unternehmen erreichen wollen. Stellen Sie einen detaillierten Jahreszielplan auf, der alle einzelnen Ziele, Verantwortlichen und Termine enthält.

Beschreiben Sie konkrete Ziele: Verzichten Sie auf schwammige „ich-möchte-gern"-Aussagen und schillernde Absichtserklärungen. Formulieren Sie klare, nachvollziehbare Ziele, von deren Sinn und Notwendigkeit auch Ihre Mitarbeiterinnen und Mitarbeiter überzeugt sind.

Schreiben Sie nicht: „Wir möchten im nächsten Jahr mit Produkt ABC mehr Umsatz machen und unsere Marktposition verbessern." Diese Formulierung ist unverbindlich. Sie motiviert weder Sie noch Ihre Mitarbeiter, sich wirklich anzustrengen.

Ganz anders, wenn Sie schreiben: „Wir haben im Jahr X den Umsatz mit Produkt A von 1,9 auf 2,2 Millionen Euro gesteigert. Dadurch sind wir zum Marktführer in diesem Bereich geworden."

An diesem konkreten, nachvollziehbaren Ziel können Sie sich und Ihr Handeln ein Jahr lang messen. Jeder im Unternehmen hat eine klare Orientierung, wo´s langgeht.

Machen Sie ein „Zielfoto in Worten": Beschreiben Sie jedes einzelne Ihrer Ziele so, als ob Sie es bereits erreicht hätten. Formulieren Sie sehr anschaulich und emotional: Welche Freude empfinden Sie durch das Erreichen des Zieles, welchen Stolz, welche Befriedigung?

Formulieren Sie bildhaft, anschaulich und emotional

Durch dieses emotionale Bild des erreichten Zieles programmieren Sie die kreative Kraft Ihres Unterbewusstseins auf dieses Ziel und auf mögliche Wege dorthin.

Planen Sie den Weg zu Ihren Zielen: Beschreiben Sie, wen und was Sie brauchen, um jedes einzelne Ziel zu erreichen, bereiten Sie sich auf mögliche Hindernisse und Störungen vor.

Für diese Detailplanung Ihres Unternehmens-Jahreszielplanes haben Sie allerdings noch genügend Zeit. Und Sie müssen dies auch nicht alles selber erledigen. In der Niederschrift des Planes haben Sie ja Verantwortlichkeiten für die einzelnen Punkte festgelegt – die Verantwortlichen sind dann auch für die Detailplanung zuständig.

Anregungen zur unternehmerischen Jahreszielplanung:

Lassen Sie Ihre Mitarbeiter aktiv mitwirken

Am meisten „Zugkraft“ entfaltet der Unternehmens-Jahreszielplan, wenn Sie Ihre Mitarbeiterinnen und Mitarbeiter von Anfang an daran mitwirken lassen.

1. **Schriftliche Aufforderung:** Ideal ist es, wenn der Unternehmens-Jahreszielplan spätestens Ende Oktober endgültig feststeht. So können Sie die Weichen für das neue Jahr rechtzeitig stellen. Fordern Sie Ihre Führungskräfte und Mitarbeiter mehrere Wochen vorher (am besten bereits im Sommer) schriftlich auf, für ihren jeweiligen Aufgabenbereich Vorschläge zum nächsten Jahreszielplan zu erarbeiten.

2. **Strukturierte Ideensammlung:** Achten Sie darauf, dass hierbei nicht nur der materielle Aspekt (Umsatz/Gewinn...) berücksichtigt wird. Im HelfRecht-Unternehmerzentrum hat es sich bewährt, auch für die Ideensammlung bei den Mitarbeiterinnen und Mitarbeitern eine Struktur vorzugeben, um die Kreativität anzuregen und zu ordnen:

   - Leistungsangebot (Veränderungen/Verbesserungen bei Produkten und Dienstleistungen sowie deren Vermarktung)
   - Organisation und Planung (Zusammenarbeit zwischen Funktionsbereichen, Engpässe und Leerlauf reduzieren, ...)
   - Mitarbeiterinnen und Mitarbeiter (Fort- und Weiterbildung, Neueinstellungen, ...)
   - Investitionen (Kosten/Nutzen von nötigen und sinnvollen Anschaffungen, Reparaturen, Aktualisierungen, Weiterbildungsmaßnahmen, Aktionen, ...)

3. **Konkrete Vorschläge mit Kosten:** Achten Sie darauf, dass Ihre Mitarbeiter nicht nur Kritik- und Mangelpunkte ansprechen, sondern konkrete Vorschläge machen, wie diese Mängel abgestellt werden können. Wichtig ist auch, dass für alle vorgeschlagenen Aktivitäten die voraussichtlichen Kosten angegeben werden.

4. **Erster Entwurf:** Lassen Sie sich die Vorschläge über die Abteilungs- oder Bereichsleiter zuleiten. Fassen Sie diese Ideensammlungen in einem ersten Entwurf für den Unternehmens-Jahreszielplan zusammen. Verwenden Sie dabei möglichst die Formulierungen Ihrer Mitarbeiter – das verstärkt deren Motivation, an diesen Zielen mitzuarbeiten. Informieren Sie die Mitarbeiter, warum eventuell bestimmte Vorschläge nicht berücksichtigt werden können. Ergänzen Sie den Entwurf dann um die Punkte, die sich aus Ihrer Unternehmens-Situationsanalyse sowie aus Ihren längerfristigen Zielen ergeben. Arbeiten Sie schließlich auch die Ziele mit ein, die Sie im laufenden Jahr nicht mehr realisieren können.

5. **Besprechung und Konkretisierung:** Diskutieren Sie den Entwurf mit den Führungskräften Ihres Unternehmens. Legen Sie klare Termine und Verantwortlichkeiten fest: Wer ist bei jedem einzelnen Ziel für Detailplanung, Durchführung und Kontrolle zuständig? Bis wann steht die Detailplanung, wann soll das Ziel erreicht sein?

6. **Endgültige Version:** Arbeiten Sie alle Änderungen, Ergänzungen und Entscheidungen in Ihren Entwurf ein – und schon steht Ihr Unternehmens-Zielplan für das nächste Jahr.

7. **Unterschrift:** Verabschieden Sie den Jahreszielplan in der Geschäftsleitung und lassen Sie alle Führungskräfte diesen Plan unterschreiben. So verpflichtet sich jeder, sich mit ganzem Herzen für die gemeinsam erarbeiteten Ziele einzusetzen.

8. **Information der Mitarbeiter:** Informieren Sie Ihre Mitarbeiterinnen und Mitarbeiter vor Beginn des neuen Jahres über die geplan-

ten Ziele. Zeigen Sie die Schwerpunkte auf. Begeistern Sie alle für diese Ziele. Geben Sie jedem die Jahresziele des Unternehmens schriftlich in die Hand.

9. **Ableiten der Bereichsziele:** Die Führungskräfte leiten aus dem Unternehmens-Jahreszielplan ihre Bereichs- oder Abteilungsziele ab. Mit ihren Teams vereinbaren sie, wann und wie diese einzelnen Aufgaben angegangen und realisiert werden. Jeder Mitarbeiter übernimmt die ihn betreffenden Teilziele/Aufgaben in seine persönliche Ziel- und Zeitplanung.

10. **Motivationsgrundlage:** So weiß jeder im Hause, wie er zum Erreichen der gemeinsamen Jahresziele und zum Unternehmenserfolg beiträgt. Eine stärkere Motivation kann es für Ihre Mitarbeiterinnen und Mitarbeiter wohl kaum geben.

Erfolgsbaustein 18: Monatsplanung

Verteilen Sie Ihre Ziele auf die nächsten zwölf Monate

> *„Es gibt zwei Dinge, auf denen das Wohlgelingen in allen Verhältnissen beruht. Das eine ist, dass Zweck und Ziel der Tätigkeit richtig bestimmt sind. Das andere aber besteht darin, die zu diesem Endziel führenden Handlungen zu finden."*
>
> (Aristoteles)

Die Jahreszielplanung ist Ihr roter Faden durch das Jahr. An ihr müssen sich alle Aktivitäten orientieren. Aber: Sie können natürlich nicht alle Ziele auf einmal angehen – und Sie müssen es ja auch nicht; Sie haben schließlich zwölf Monate Zeit. Verteilen Sie private und berufliche/unternehmerische Ziele und Aufgaben deshalb auf diese zwölf Monate. Tragen Sie alle Termine, die Sie jetzt schon kennen, in einen Kalender oder ein Zeitplanbuch ein.

Sie haben für Ihre Jahresziele zwölf Monate Zeit

Planen Sie jeden einzelnen Monat

Nehmen Sie sich die Liste mit Ihren Jahreszielen jeden Monat einmal vor; am besten um den 20. des Monats herum, um einige Tage Vorlauf bis zum Beginn des Folgemonats zu haben. Prüfen Sie, welche(s) dieser Einzelziele Sie im nächsten Monat wann und wie angehen und erreichen werden. Legen Sie dies schriftlich fest.

Versuchen Sie, auch in diesem Monatszielplan die verschiedenen Kategorien Ihrer Ziele (Beruf, Privatleben, Gesundheit, Soziales ...) ausgewogen zu berücksichtigen. Und gehen Sie nach Prioritäten vor: Überlegen Sie genau, welche Aufgaben Sie unbedingt im nächsten Monat erledigen müssen und welche Ziele Sie auch später noch angehen können.

Welche Aufgaben müssen Sie im nächsten Monat erledigen?

Planung ist kein starres Korsett, sondern ein elastischer Anzug, der sich den aktuellen Gegebenheiten anpasst. Im Laufe eines Jahres gibt das Tagesgeschäft mit unvorhergesehenen Ereignissen und plötzlichen Entwicklungen permanente Impulse, die Planung zu optimieren.

Mit dem monatlichen Abgleich zwischen Jahresplanung und Realität können Sie flexibel auf Änderungen reagieren. Nehmen Sie neue Herausforderungen in Ihren aktuellen Jahreszielplan auf. Legen Sie für alle hinzukommenden Ziele und Projekte Termine, Prioritäten und Verantwortliche für Detailplanung, Durchführung und Kontrolle fest. Bedenken Sie auch für die neuen Ziele die Aspekte Nutzenbieten und Nutzenernte. Prüfen Sie, ob sich Prioritäten und Termine anderer Projekte ändern, ob vielleicht andere Ziele ganz entfallen, modifiziert oder in die Ideensammlung für das Folgejahr verschoben werden müssen.

Aktualisieren Sie Ihren Jahreszielplan bei Bedarf

- ☐ Positiver Nebenaspekt dieser monatlichen Planung: Zwölfmal im Jahr bekommen Sie einen kleinen Motivationsschub, wenn Sie sich bewusst machen, was Sie in den zurückliegenden vier Wochen erreicht haben, welche Ihrer Jahresziele Sie als erledigt abhaken können.

Vorgehensplanung führt zum Umsetzen

Entwerfen Sie dann einen schriftlichen Plan, wie Sie jedes einzelne Ihrer Monatsziele am besten erreichen. Wen brauchen Sie dazu? Welche Unterstützung ist nötig? Welche Kosten entstehen? Welche einzelnen Maßnahmen müssen Sie erledigen? Welche (Teil-)Aufgaben können Sie an wen delegieren? Diese Vorgehensplanung führt Sie vom Planen ins Umsetzen (Einzelheiten hierzu erfahren Sie im vierten Kapitel).

Verteilen Sie Termine und Aufgaben gleichmäßig und realistisch auf die nächsten vier Wochen. Planen Sie genügend Pufferzeit für Unvorhergesehenes ein – mindestens 30 bis 40 Prozent. Sie werden sie brauchen. Erfahrungsgemäß dauern die meisten Tätigkeiten länger als geplant.

Planen Sie ausreichend Pufferzeiten ein

Planen Sie jeden einzelnen Tag

Wer „in den Tag hineinlebt", dem verrinnen die Stunden. Bereiten Sie deshalb jeden einzelnen Tag vor: Welches Teilziel ist heute das wichtigste? Welche Pflichttermine, welche Einzelschritte aus der Vorgehensplanung stehen heute auf dem Programm? Wie lange wird dies dauern? In welcher Reihenfolge packen Sie Ihre Aufgaben an? (Unser Tipp: Erledigen Sie den größten „Brocken" jeweils zuerst, das befreit und gibt Motivation für anderes.)

Welches Ziel ist heute das wichtigste?

Tagespläne sind somit der letzte Baustein zur Realisierung Ihrer Pläne (ausführliche Informationen und Anregungen hierzu finden Sie in Kapitel 5). Wenn Sie Ihr Handeln konsequent an Ihren Monats- und Tagesplänen ausrichten, ist die Chance ziemlich groß, dass Sie Ihre selbst definierten Ziele in der vorgesehenen Zeit und mit dem geplanten Aufwand erreichen. Sie werden nicht mehr von außen bestimmt, sondern Sie entscheiden selber, was wichtig und notwendig ist. Gerade dies ist der große Unterschied zwischen Terminplanung und Zeitplanung!

Sie entscheiden selber, was wichtig und notwendig ist

Erfolgsbaustein 19: Zielformulierung

Mit Zielalternativen finden Sie zur optimalen Lösung

> *„Der beste Weg zu einer guten Lösung ist der Zugang zu einer Fülle von Ideen. Nichts ist so gefährlich wie ein Lösungsweg, wenn er Ihr einziger ist."*
>
> (Roger von Oech)

Wenn Sie Mängel oder Schwierigkeiten beseitigen wollen – und das ist ja meistens Auslöser für eine Zielplanung –, sollten Sie systematisch und methodisch vorgehen. Grundlage ist stets eine gründliche Analyse. Daraus ergeben sich bereits einige Ideen, wie Sie das Problem in den Griff bekommen können.

Aber: Die erste Lösung ist nicht unbedingt die beste. Scheinbar offensichtliche und selbstverständliche Wege können in die Irre führen, einen mühsamen und zeitraubenden Umweg erforderlich machen oder gar als Sackgasse enden. Legen Sie sich deshalb nicht vorschnell auf die erstbeste Lösung fest, die sich Ihnen nach der Bestandsaufnahme als „das einzig Wahre" darstellt.

Legen Sie sich nicht vorschnell auf die erste Lösung fest

Erstbeste Lösung nicht immer die beste

Denken Sie über Alternativen nach, mit denen Sie Ihr Problem vielleicht noch wirksamer in den

Denken Sie mehrgleisig und in mehreren Lösungsvarianten

Griff bekommen. Erarbeiten Sie zusätzlich zu Ihrer ersten Lösung zwei (oder gar drei) andere Lösungsvarianten. Das schützt vor übereilten „Schnellschüssen", die leicht nach hinten losgehen können. Denken Sie mehrgleisig und bringen Sie so neue Gedanken in eingefahrene Denkweisen.

Es gibt fast immer mehrere Möglichkeiten

Gerade für unternehmerische Ziele gibt es fast immer mehrere Möglichkeiten – für eine allerdings müssen Sie sich entscheiden. Wenn Sie die unterschiedlichen Lösungsmöglichkeiten planerisch durchdenken und miteinander vergleichen, erkennen Sie ziemlich genau Stärken und Schwächen der einzelnen Varianten. So finden Sie zu der Lösung, die für Ihre aktuelle Herausforderung wirklich die beste ist.

Wenn Sie beispielsweise festgestellt haben, dass Ihre Verkaufsfläche nicht mehr ausreicht, wird Ihr erstes Hauptziel wohl „mehr Verkaufsfläche" heißen.

Unterschiedlichste Lösungen

Dieses Ziel kann durch einen Anbau an die vorhandenen Räumlichkeiten erreicht werden, ebenso aber durch einen kompletten Neubau an anderer Stelle, durch Ankauf oder Anmieten der benötigten Räume oder durch das Aufteilen Ihres Sortiments auf Stammgeschäft und eine Zweigstelle. Oder – eine ganz andere Variante: Sie kommen zum Ergebnis, dass Sie nicht zu wenig Verkaufsfläche haben, sondern ein zu großes Angebot. Das hätte zur Konsequenz, dass Sie Ihre Produktpalette straffen und mit Ihrer bisherigen Verkaufsfläche auf einmal prima hinkommen.

Ihr konkretes Ziel für die aktuelle Herausforderung „zu wenig Verkaufsfläche“ kann also höchst unterschiedlich lauten, je nachdem, welches Ergebnis Ihr Vergleich der einzelnen Lösungsmöglichkeiten bringt.

Erfolgsbaustein 20: Unterbewusstsein

Programmieren Sie sich auf das Erreichen Ihrer Ziele

> *„Glaube an deine Grenzen und sie gehören dir. – Man kann überall hinkommen, man muss es nur wirklich wollen. – Durchbrecht die Beschränktheit eures Denkens und ihr zerbrecht damit auch die Fesseln des Körpers."*
>
> (Richard Bach)

Erfolge sind möglich, wenn man fest daran glaubt

In seiner Parabel „Die Möwe Jonathan" erzählt Richard Bach, wie eine einfache Möwe durch die Kraft ihrer Gedanken unglaubliche Flugleistungen vollbringt. Seine Botschaft: Erfolge sind möglich, wenn man daran glaubt, wenn man von sich und seinen Zielen überzeugt ist.

Entscheidend ist, über scheinbare Grenzen hinaus zu denken. „Das geht nicht" oder „das haben wir noch nie so gemacht" – solche Beschränkungen hemmen jeglichen Fortschritt, jede Innovation, die Suche nach wirklich guten Lösungen.

Erfolg beginnt im Kopf

Erfolg beginnt deshalb im Kopf. In der Bereitschaft, eingefahrene Gleise zu verlassen und mit Phantasie und Mut über Grenzen hinaus zu denken. Also nicht: „Das geht nicht", sondern: „Was muss ich (anders) machen, damit es geht?" Dann kommt der Grundsatz der „selbst erfüllenden Prophezeiung“ zum Tragen: Wenn ich Grenzen sehe, werde ich auch bald an sie stoßen. Wenn ich aber davon überzeugt bin, dass es auch darüber hinausgeht, dann werde ich einen Weg finden.

Hierzu zwei Beispiele:

1. Versuchen Sie, die neun Punkte in der folgenden Abbildung mit vier Strichen zu verbinden, ohne einmal abzusetzen. Die Lösung finden Sie auf der nächsten Seite – aber bitte versuchen Sie es erst einmal selber.

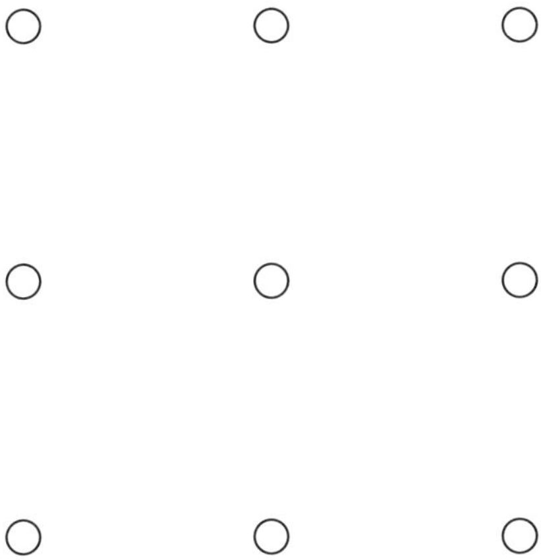

Verbinden Sie die neun Punkte mit vier Strichen, ohne einmal abzusetzen

2. Ein alter Beduine vererbt seinen drei Söhnen 17 Kamele. Der Älteste soll die Hälfte der Tiere erhalten, der Mittlere ein Drittel, der Jüngste ein Neuntel. Die Söhne rechnen und rechnen, kommen aber auf keine Lösung. „Es geht nicht!“, sind sie sich sicher. Können Sie ihnen helfen? (Lösung ebenfalls auf der nächsten Seite.)

Lösungen für die Aufgaben von Seite 157:

1. Gehen Sie über die scheinbaren Grenzen der neun Punkte hinaus. Dann ist es ein Leichtes, die Aufgabe zu lösen.

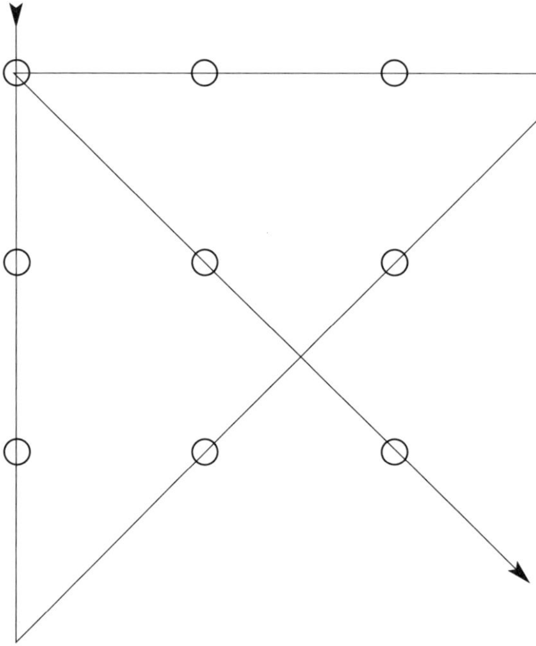

2. Mit ein bisschen Phantasie gibt es auch für diese Aufgabe eine einfache Lösung: Während die Söhne noch streiten, wie die Kamele verteilt werden sollen, kommt ein weiser Beduine vorbei geritten. Er hört sich das Problem der drei an und stellt sein eigenes Kamel zu denen der Brüder. Von diesen jetzt 18 Kamelen teilt er dem ältesten Sohn die Hälfte zu, also 9. Der mittlere bekommt, wie vom Vater vorgesehen, ein Drittel, also 6, der jüngste ein Neuntel, also 2. Damit sind die 17 Kamele des Vaters aufgeteilt (9 + 6 + 2 = 17) – und der weise Beduine reitet mit seinem eigenen Kamel davon.

Gehen Sie also positiv und mutig an Ihre Ziele und Problemlösungen heran. Nehmen Sie auch einmal Abstand, blicken Sie von außen auf Ihre scheinbar unlösbaren Probleme. Christian Morgenstern drückte dies einmal sehr bildhaft aus: „Man sollte von Zeit zu Zeit von sich zurücktreten wie ein Maler von seinem Bilde."

Blicken Sie von außen auf Ihre Probleme

Diese Sichtweise ermöglicht es Ihnen, auch eine schwierige Lebenssituation vielleicht mit etwas mehr Sachlichkeit zu betrachten und durch den Abstand eine gute Lösung zu finden.

Sagen Sie konkret, was Sie erreichen wollen

Um Ziele zu formulieren, die eine wirklich starke und lang anhaltende Motivation auslösen, gibt es noch einen weiteren Grundsatz, mit dem Sie sich und Ihr Unterbewusstsein auf Erfolg programmieren können:

☐ Sagen Sie nicht, was Sie nicht oder nicht mehr wollen! Sagen Sie klar und deutlich, was Sie haben oder erreichen wollen.

Denken und formulieren Sie nicht problemorientiert, sondern lösungsorientiert, wenn Sie etwas verändern wollen. Also anstelle von „ich will nicht länger rauchen" lieber positiv: „Ich habe bis Ende März mit dem Rauchen aufgehört!"

Denken und formulieren Sie lösungsorientiert

Warum ist das so wichtig? Weil Sie mit der Zielformulierung Ihr Unterbewusstsein in die eine oder andere Richtung steuern. Probieren Sie es einmal selber aus: Denken Sie jetzt bitte fünf Se-

Denken Sie jetzt nicht an den Eiffelturm

kunden lang nicht an den Eiffelturm in Paris. Was passiert? Obwohl Sie es doch nicht sollten, haben Sie garantiert automatisch den Eiffelturm vor Augen gehabt.

Der gleiche Effekt zeigt sich, wenn Sie Ihre Ziele dadurch beschreiben, was Sie nicht (mehr) wollen: Ihr Unterbewusstsein bleibt automatisch an dem Bild des beschriebenen Problems hängen, anstatt sich auf Ihr eigentliches Ziel, nämlich die Lösung dieses Problems, zu konzentrieren.

Ein einfaches Beispiel hierzu: Chef 1 schwört sein Verkaufsteam auf das nächste Geschäftsjahr ein: „Dieses Jahr hatten wir die rote Laterne – das darf uns im nächsten Jahr nicht wieder passieren." Chef 2 dagegen: „Dieses Jahr hatten wir die rote Laterne – im nächsten Jahr wollen wir aufs Siegerpodest kommen, also unter die ersten drei unserer Branche." – Welcher von beiden Chefs wird wohl sein Team stärker motivieren? Welche Bilder haben die Mitarbeiter jeweils vor Augen?

Denken Sie positiv und lösungsorientiert

Mit der Konzentration auf das Problem werden Sie in erster Linie nach unten und hinten blicken, die Hindernisse sehen, die Stolpersteine, die das Vorankommen behindern. Negative Gedanken aber sind wie Bleigewichte: Sie hemmen Ihren Veränderungswillen und bremsen Ihr Weiterkommen. Motivation, Begeisterung und Zuversicht können gar nicht erst aufkommen.

Negative Gedanken sind wie Bleigewichte

Wenn Sie hingegen nach vorne schauen und lösungsorientiert denken, programmieren Sie sich auf das Erreichen dieses Zieles. Vor Ihrem inneren Auge werden Sie in erster Linie den Weg dorthin sehen. Sie werden die magnetische Anziehungskraft spüren, die von dem Ziel ausgeht. Sie werden Zuversicht und Selbstvertrauen empfinden, die es Ihnen leicht machen, Schwierigkeiten zu bewältigen und Hindernisse aus dem Weg zu räumen.

Die positive Ausrichtung des Unterbewusstseins bringt positive Energie zum Fließen

Sagen Sie Ihrem Gehirn also nicht, wo Sie nicht hin wollen. Sagen Sie ihm vielmehr, wo Sie hin wollen. Verwandeln Sie Ihre Probleme in Wunschvorstellungen. Diese positive Ausrichtung des Unterbewusstseins bringt positive Energie zum Fließen.

Konzentrieren Sie sich auf Ihre Stärke: Sie wollen und können das Ziel erreichen! Dieses Wissen motiviert, stärkt, stimuliert. Es fördert die Kreativität, aktiviert Willen und Leistungsreserven. Die nötigen Anstrengungen auf dem Weg zu Ihrem lockenden Ziel gehen Sie freudig und zuversichtlich an.

Stellen Sie nicht die Schwierigkeiten in den Mittelpunkt

Nutzen Sie die Kraft des Positiven vor allem bei größeren Projekten, beispielsweise bei einer Existenzgründung: Stellen Sie nicht die Schwierigkeiten in den Mittelpunkt, denken Sie nicht in erster Linie an ein mögliches Scheitern. Machen Sie sich vielmehr Ihre Stärken bewusst, die Vorzüge Ihres Projektes, den Nutzen, den Sie mit diesem Vorhaben bieten. Lassen Sie sich vom Bild des erreichten Zieles begeistern!

Praxistipps zur Zielbeschreibung:

So kommen Sie zu wirklich starken Zielen

Die stärkste Wirkung haben Ziele, die Sie auf der einen Seite persönlich locken und begeistern, die aber auf der anderen Seite auch für andere Menschen wertvoll und erstrebenswert sind. Als „Grundanleitung" für die Arbeit an Ihren drei Lösungsmöglichkeiten gilt:

▷ Ihre Ziele sollten für Sie eine anspruchsvolle Herausforderung darstellen. Sie sollten sich anstrengen müssen, um die Ziele zu erreichen. Das setzt ungeahnte Kräfte frei.

▷ Ziele müssen präzise und unmissverständlich formuliert sein. Sie müssen einen klaren Punkt bezeichnen, den Sie erreichen oder übertreffen wollen. Unklare Ziele sind leistungsfeindlich und verhindern Erfolg.

▷ Nicht immer ist die erste Idee auch die beste. Suchen Sie deshalb nach alternativen Zielen, die Ihr Problem noch wirkungsvoller lösen.

▷ Formulieren Sie jeweils ein „Zielfoto in Worten", also so, als ob Sie den angestrebten Zustand bereits erreicht hätten. Mit dieser bildhaften Darstellung programmieren Sie Ihr Unterbewusstsein auf das Erreichen dieses Zieles.

▷ Beschreiben Sie die drei Lösungen sehr emotional: Wie fühlen Sie sich? Was sehen, hören, riechen Sie? Was begeistert Sie an dem erreichten Zielzustand? Gefühle bringen Energien zum Fließen.

▷ Vermeiden Sie bei der Zielbeschreibung das Wörtchen „nicht" – es richtet Ihre Gedanken und Emotionen unweigerlich rückwärts auf den Minus-Zustand, den Sie verändern wollen. Beschreiben

Sie ausschließlich den angestrebten Idealzustand und konzentrieren Sie Ihr Unterbewusstsein damit auf die Lösungssuche.

- ▷ Verzichten Sie auf „verbale Weichmacher" wie „möglichst, eigentlich, ein bisschen, sollte, würde gerne ..." – auch solche Einschränkungen vermindern die Kraft Ihrer Ziele deutlich.
- ▷ Bleiben Sie in Ihren Zielbeschreibungen nicht passiv-distanziert, sondern bringen Sie sich durch eine aktive Formulierung selbst verantwortlich ein: „Ich habe erreicht, dass ..."
- ▷ Arbeiten Sie den Nutzen heraus, den Sie mit Ihren Lösungen bieten: Was haben Ihre Kunden, Geschäftspartner, Mitarbeiter ... davon, was Ihre privaten Partner? Was bringt es für Volkswirtschaft, Umwelt oder Gesellschaft?
- ▷ Fragen Sie aber auch: Was habe ich davon, welchen Nutzen bringt mir jede einzelne Lösung?
- ▷ Orientieren Sie sich dabei immer wieder am Ist-Zustand mit seinen Ursachen und Gefahren, wie Sie ihn in der Analyse erarbeitet haben. Löst Ihre Zielalternative die dort beschriebenen Probleme, beseitigt sie alle festgestellten Mängel?
- ▷ Überschlafen Sie Ihre Zielplanung. Geben Sie Ihrem Unterbewusstsein nach der ersten Niederschrift ausreichend Zeit, sich mit dem beschriebenen Ziel zu beschäftigen. Quasi über Nacht kommen Ihnen manchmal noch die besten Optimierungsideen.
- ▷ Nutzen Sie Denkanstöße von außen: Gespräche mit Freunden, Kollegen oder Experten können Ihnen wertvolle Impulse für eine gute Zielformulierung geben.
- ▷ Kümmern Sie sich bei der Zielformulierung noch nicht um den Weg zu Ihrem Ziel – das kommt erst später mit der Vorgehensplanung, wenn das Ziel klar und unmissverständlich feststeht (Kapitel 4).

Erfolgsbaustein 21: Nutzenbieten

Wer viel Nutzen bietet, wird reichen Nutzen ernten

> *„Jeder nützt sich selbst am meisten, wenn er sich anderen als nützlich erweist."*
>
> (Lucius A. Seneca)

Je mehr Nutzen Sie bieten, desto erfolgreicher werden Sie sein

Je mehr Menschen Sie mit Ihren Zielen einen Nutzen bieten, desto mehr Menschen werden Ihnen beim Erreichen Ihrer Ziele helfen. Die Folge davon: Je mehr Nutzen Sie bieten, desto leichter und schneller werden Sie an Ihr Ziel gelangen, desto erfolgreicher werden Sie sein.

Das Nutzenbieten ist also im privaten wie im beruflichen und unternehmerischen Bereich der Erfolgsfaktor für ein gelungenes Leben. Hier liegen ungeahnte Erfolgschancen!

Sie müssen immer erst investieren, ehe Sie den Lohn einstreichen können

„Erst säen, dann ernten", lässt sich dieses Erfolgsprinzip auch auf einen ganz kurzen Nenner bringen. Sie müssen immer erst investieren, also in Vorleistung gehen, ehe Sie den Lohn für Ihr Engagement einstreichen können. Und: Je mehr Sie einsetzen, desto mehr kommt meist auch zurück.

Dauerhafter geschäftlicher Erfolg ist ohne unternehmerische Ethik, ohne ein an moralischen Gesichtspunkten orientiertes Denken und Handeln, also ohne Nutzenbieten nicht möglich. Schon Henry Ford erkannte: „Ein Geschäft, das nur Geld verdient, ist ein schlechtes Geschäft.“

Denn neben materiellem Erfolg gehört zu den Merkmalen dauerhaft erfolgreicher Menschen vor allem der gute Ruf, den sie sich durch Anständigkeit, Aufrichtigkeit, Fairness und in jeder Hinsicht moralisches und verantwortliches Handeln erworben haben. Durch Nutzenbieten also, weil es für sie selbstverständlich ist, sich in die Lage von anderen zu versetzen, ihre Wünsche und Bedürfnisse zu erkennen und zu erfüllen, Lösungen anzubieten, die anderen Menschen nützen.

Der gute Ruf gehört zu den Merkmalen dauerhaft erfolgreicher Menschen

Überlegen und beschreiben Sie deshalb bei der Planung Ihrer Ziele und Aktivitäten stets, welchen Personen Sie damit welchen Nutzen (in jeglicher Form, also materiell wie immateriell) bieten. Fragen Sie sich:

- ☐ Was haben meine Kunden davon, meine Geschäftspartner, meine Mitarbeiter, meine privaten Freunde und Partner? Was bringt es für Volkswirtschaft, Umwelt oder Gesellschaft?

Was haben andere davon?

Denken Sie aber auch an sich selber: Was bringt es Ihnen? Welche Nutzenernte können Sie berechtigterweise erwarten, wenn Sie diesen Nutzen bieten?

- ☐ Was habe ich davon – welche materielle Nutzenernte, welche Anerkennung, welche Selbstbestätigung, ...?

Was habe ich davon?

Wenn Sie über jedes Ihrer Ziele den Gedanken des Nutzenbietens stellen, haben Sie auch eine Gewähr dafür, dass Sie mit Ihren Zielen und Aktivitäten niemandem einen Schaden zufügen – der letztlich wieder Ihnen schaden würde.

Nur wer ordentlich sät, kann gut ernten

In der heutzutage vielfach von Eigennutz und Ellbogenmentalität geprägten Gesellschaft ist das Nutzenbieten nicht unbedingt der Aspekt, den Geschäftsleute wie Privatpersonen bei ihrem Denken und Handeln vornan stellen. Nicht wenige sehen ausschließlich den möglichen Gewinn ihres Handelns und vergessen dabei, dass nur der gut ernten kann, der zuvor auch ordentlich gesät hat.

Nutzenbieten beschert vielfältige Wettbewerbsvorteile

Gerade im Wirtschaftsleben verursacht doch Nutzenbieten vielfältige Wettbewerbsvorteile. Der Geschäftsmann, der seinen Kunden außergewöhnlichen Service bietet, sie besonders aufmerksam und höflich behandelt, ihre Wünsche mit Herz und Kopf erfüllt, sich als partnerschaftlicher Problemlöser und Berater seiner Kunden versteht – dieser Geschäftsmann wird sich auch in schlechten Zeiten nicht über mangelnde Kundschaft und über fehlenden Umsatz beklagen müssen. Ein gutes Image, Anerkennung, Weiterempfehlungen oder sogar Auszeichnungen sind weitere Formen seiner möglichen Nutzenernte.

Wir bewerten doch unsere ganze Umgebung danach, ob sie uns möglichst viel nützt: Wir wählen den Arzt, von dem wir glauben, dass er uns am besten helfen kann (Nutzen: Problemlösung). Wir kaufen bei dem Bäcker und Metzger, wo uns Brot und Wurst am besten munden (Genuss) und wo wir zudem noch besonders freundlich bedient (Wohlfühlen) und kompetent beraten (Unterstützung) werden. Wir wählen Lebensgefährten, die uns helfen, das Leben lebenswerter zu gestalten (Liebe). Wir stellen Mitarbeiterinnen oder Mitarbeiter ein, von denen wir vermuten oder hoffen, dass sie unserem Unternehmen am besten nutzen (Unterstützung).

Balance zwischen Geben und Nehmen

Das ausgewogene Wechselspiel von Nutzen bieten und Nutzen ernten, die Balance zwischen Geben und Nehmen, ist solide Grundlage jeder Partnerschaft. Und eine wichtige Voraussetzung für Erfolg. Das bedeutet: Wenn Sie viel Nutzen bieten, sind Sie für viele Menschen ein interessanter Partner und bekommen dadurch vieles zurück.

Ausgewogenes Wechselspiel ist die Grundlage einer funktionierenden Partnerschaft

Das erkannte der römische Dichter und Schriftsteller Seneca bereits vor mehr als 2000 Jahren: „Jeder nützt sich selbst am meisten, wenn er sich anderen als nützlich erweist." Der Freud-Schüler Alfred Adler formulierte es ähnlich prägnant: „Der erfolgreiche Mensch beschäftigt sich mit den Interessen der anderen, der erfolglose und gewöhnliche Mensch vorwiegend mit den eigenen."

„Der erfolgreiche Mensch beschäftigt sich mit den Interessen der anderen"

Fazit: Wer viel Nutzen bietet, wird auch reichen Nutzen ernten! Wer die Wünsche und Bedürfnisse anderer versteht und erfüllt, wird Erfolg haben. Wer andere mit seinen Zielen begeistert, wird Begeisterung ernten.

Richten Sie Ihre Ziele und Aktivitäten an den Wünschen und Bedürfnissen Ihrer Partner aus

Für Ihre persönliche oder unternehmerische Zielplanung bedeutet dies: Erfolg haben werden Sie, wenn Sie Ihre Ziele und Aktivitäten stets an den Wünschen, Problemen und Bedürfnissen Ihrer Partner ausrichten.

Versetzen Sie sich in die Lage des anderen

Möglichst viel Nutzen bieten – das setzt voraus, dass Sie wissen, was Ihre Partner, Ihre Zielgruppe, Ihre Kunden oder Ihr sonstiges Umfeld heute suchen, wünschen oder brauchen. Nur so können Sie sich gezielt darauf einstellen, diese Bedürfnisse zu befriedigen.

Was will der Kunde wirklich? Wie können Sie ihm helfen?

Gerade im Geschäftsleben heißt es, genau hinzusehen, was der Kunde wirklich will. Welche Werte sind ihm wichtig? Mit welchen Ihrer Aussagen und Leistungen können Sie ihn emotional ansprechen? Wie können Sie ihm helfen, glücklich und erfolgreich zu sein?

Stellen Sie die emotionalen Vorteile heraus

Für manchen Unternehmer bedeutet dies ein Umdenken: Mit Leistungsrekorden, Expertenwissen oder Faktenfülle sind Kunden heute nicht mehr zu beeindrucken. Und erst recht nicht zu begeistern. Die Ansprache des Kunden muss andere Aspekte in den Vordergrund stellen – die „weichen Faktoren": Welche emotionalen Vorteile hat Ihr Angebot? Welche Probleme löst es? In welchem Umfang verhilft es zu mehr Wohlbefinden? Zu mehr Erfolg? Zu einem rundum guten Gefühl?

Ähnlich ist es mit den Mitarbeitern: Nicht mehr nur das hohe Gehalt, der Dienstwagen, die Designer-Schreibtischlampe oder die eigene Sekretärin sind entscheidende Motivationsfaktoren. Die Möglichkeit zur Selbstentfaltung und zur Mitwirkung an Entscheidungen sowie die Anerkennung von Leistung haben heute meist einen höheren Stellenwert.

Mitarbeiter wollen sich entfalten und mitentscheiden dürfen

Unternehmer, die die Zukunft ihres Betriebes erfolgreich gestalten wollen, müssen diese Überlegungen in ihre unternehmerischen Zielplanungen einfließen lassen: Produktstrategie, Verkaufsargumentation, Marketingüberlegungen, Unternehmenskommunikation, Mitarbeiterschulungen, Organisationsstruktur, Führungskultur – alle Ihre Unternehmensaktivitäten sollten sich an den aktuell gelebten gesellschaftlichen Werten orientieren. Und Sie sollten gleichzeitig berücksichtigen, welcher Wertewandel eventuell bevorsteht.

Unternehmensaktivitäten sollten sich an gesellschaftlichen Werten orientieren – und am Wertewandel

Achten Sie deshalb bei Ihrer Zielplanung darauf, dass Sie Ihre Ziele nicht vorschnell auf der Basis dessen festlegen, was „schon immer so gemacht" worden ist. Überlegen Sie vielmehr sorgfältig, welche Erfolg versprechenden Alternativen es zu Ihren bisherigen Zielen gibt. Messen Sie das vor allem daran, durch welche Ziele und Handlungen Sie Ihrem Umfeld noch mehr Nutzen bieten können.

Kapitel 4:

Die Vorgehensplanung beschreibt den Weg vom Start zum Ziel

In diesem Kapitel 4 lesen Sie:

In der Analyse haben Sie die derzeitige Situation dargestellt. Sie haben vor allem die aktuellen Mängel, Schwierigkeiten und Herausforderungen in Ihrem Umfeld herausgearbeitet. Sie haben aber auch festgestellt, welche Stärken und besonderen Begabungen Sie haben, um damit Ihre Erfolge anzustreben.

In der Zielplanung haben Sie aufgeschrieben, was Ihnen in der nächsten Zeit wichtig ist, was Sie in bestimmten Zeitabschnitten schaffen, leisten und erreichen wollen.

In diesem Kapitel lernen Sie nun eine bewährte Technik kennen, mit der Sie die Brücke zwischen heute und morgen bauen: Mit der Vorgehensplanung legen Sie detailliert fest, wie Sie von der momentanen Situation aus Schritt für Schritt die angestrebten Ziele (= Erfolge) erreichen.

Erfolgsbaustein 22: Vorgehensplanung

Beschreiben Sie den Weg vom Start zum Ziel

„Wenn aber die Sehnsucht nach dem Erreichen des Zieles leidenschaftlich in uns lebt, dann wird es nicht an Kraft fehlen, die erforderlichen Mittel zu finden und das Vorhaben in die Tat umzusetzen."

(Albert Einstein)

„Wo ein Wille ist, da ist auch ein Weg", sagt der Volksmund. Wer lockende Ziele hat, wird Mittel und Wege finden, sie auch zu erreichen. Kraftvolle Ziele nämlich wecken kraftvolle Ideen.

Pflastern Sie mit Ihren guten Gedanken den Weg vom Start zum Ziel

Aber Kreativität und Inspiration allein bringen keinen Erfolg, wenn sie nicht in eine Vorgehensplanung eingebunden sind, mit der Sie festlegen, wie Sie Ihr Ziel erreichen. Deshalb geht es nun darum, die von der Attraktivität des Zieles ausgelösten guten Gedanken zusammenzutragen, zu ordnen und mit ihnen den Weg vom Start zum Ziel zu pflastern. Aus Wünschen und Ideen wird so eine konkrete Handlungsanleitung, die dabei hilft, die Wünsche systematisch zu realisieren.

Drei Fragen gilt es bei der Vorgehensplanung zu beantworten:

1. Wen und was brauche ich, um mein Ziel zu erreichen?
2. Was muss ich tun und veranlassen, um mein Ziel zu erreichen?
3. Wie reagiere ich auf mögliche Störungen und Hindernisse?

1. Was brauchen Sie, um das festgelegte Ziel zu erreichen? Welche Kosten entstehen dabei? Welche Zeit steht zur Verfügung?

Nachdem Sie Ihre aktuelle Situation analysiert und die optimale Lösungsvariante sowie Ihr konkretes Ziel schriftlich formuliert haben, planen Sie Ihren Weg – die einzelnen Detailschritte – von der Ausgangssituation zum ausgewählten Zielzustand. Sie legen also Mittel und Maßnahmen fest, die nötig sind, um das Ziel zu erreichen.

Legen Sie Mittel und Maßnahmen fest, die nötig sind, um das Ziel zu erreichen

☐ Listen Sie zunächst auf, welche Wegbegleiter mit welchen Aufgaben und welcher Ausrüstung Sie benötigen. Dazu gehören neben bestimmten Personen für bestimmte Tätigkeiten beispielsweise auch Geräte, Maschinen, Fahrzeuge, Räume, Computer, Akten, Bücher, Fachzeitschriften ...

Welche Wegbegleiter mit welcher Ausrüstung brauchen Sie?

☐ Ermitteln Sie die voraussichtlichen Kosten, die Ihnen bis zum Erreichen des Zieles entstehen. Stellen Sie dar, wo es eventuelle Einsparmöglichkeiten gibt und wo die Gefahr von höheren Kosten besteht. Prüfen Sie, ob die benötigten Gelder in Ihrem Budget vorgesehen sind beziehungsweise ob sie überhaupt zur Verfügung stehen.

Steht genügend Geld zur Verfügung?

☐ Bedenken Sie auch die Zeitspanne, die Ihnen zur Verfügung steht. Wann können Sie beginnen, bis wann müssen alle Aktivitäten abgeschlossen sein?

2. Was müssen Sie tun, um Ihr Ziel zu erreichen?

Legen Sie Einzelschritte und Etappenziele fest

Nachdem Sie wissen, wen und was Sie auf Ihrem Weg zum Ziel benötigen, planen Sie, was Sie alles tun oder veranlassen müssen, um an Ihr Ziel zu gelangen. Sie legen also die einzelnen Schritte fest, die Sie über verschiedene Etappenziele gehen müssen.

☐ Formulieren Sie die Maßnahmen möglichst aktiv, konkret und motivierend; beginnen Sie die Beschreibung deshalb jeweils mit den Worten: „Ich werde .... (dies und jenes tun/veranlassen)." Diese präzise Formulierung nimmt Sie und alle Beteiligten emotional in die Pflicht.

Sie müssen etwas tun oder veranlassen

☐ Distanzierte Passiv-Konstruktionen mit nichtssagenden Floskeln („Die Umsetzung der Einführungsplanung sollte nach erfolgter Überprüfung durch den Projektleiter in den nächsten Wochen begonnen werden...") weisen darauf hin, dass sich der Schreiber dieser Worte in keiner Weise mit seiner Aufgabe identifiziert. Es wird nämlich nichts „erfolgen" und es wird auch nichts von selbst „begonnen werden". Sie müssen es tun oder veranlassen! Sie müssen etwas beginnen! Und Sie müssen feste Termine setzen!

☐ „Ich werde am Mittwoch den Einführungsplan unseres Teams nochmals kritisch prüfen.

Wenn nötig, werde ich ihn bis Freitag überarbeiten und am Montag in der Projektrunde nochmals abstimmen. Dann werde ich veranlassen, dass Karl Meier bis zum 24. November..." – das klingt doch schon ganz anders, obwohl es genau das Gleiche meint.

3. Bereiten Sie sich auf mögliche Störungen/ Hindernisse vor: Was könnte passieren, wenn ...? Was ist dann zu tun?

Kaum ein Plan lässt sich 1:1 vom Papier in die Realität umsetzen. Auf dem Weg zum Ziel drohen vielfältige Störungen, Hindernisse, Gefahren, Verzögerungen. Doch Sie können sich mit Ihrer Vorgehensplanung darauf vorbereiten, können sich gegen unliebsame Überraschungen wappnen, so dass Sie stets die Übersicht und Kontrolle behalten.

- ☐ Kalkulieren Sie mögliche Hindernisse ein. Überlegen Sie sich, was alles passieren könnte: Welche Störungen sind im vorgesehenen Ablauf möglich oder wahrscheinlich? Was könnte Sie bremsen? Wo müssen Sie eventuelle Umwege oder Verzögerungen in Kauf nehmen?

Wappnen Sie sich mit Alternativplänen gegen unliebsame Überraschungen

- ☐ Überlegen Sie sich aber auch, wie Sie am besten darauf reagieren: Was werden Sie jeweils in dieser Situation tun, um sich nicht zu weit vom Kurs auf Ihr Ziel abbringen zu lassen? Schreiben Sie also verschiedene „Drehbücher" für mögliche Entwicklungen.

- ☐ Spielen Sie verschiedene Szenarien planerisch durch. Mit frühzeitigen „wenn-dann"-Alternativplänen stehen Sie im Falle eines Falles nicht hilflos vor der „unvorhersehbaren" Situation. Sie ziehen vielmehr Ihren „Alarmplan" mit den richtigen Reaktionsmaßnahmen aus der Schublade, aktualisieren ihn gemäß den individuellen Verhältnissen und bringen Ihr Schiff wieder auf Kurs.

Lassen Sie Ihren Plan reifen

Legen Sie dann Ihre Vorgehensplanung einige Zeit zur Seite. Die erste Idee ist nicht immer die beste, der erste Plan nicht immer perfekt. Gute Pläne entstehen nicht von heute auf morgen. Sie brauchen Zeit zum Reifen. Zeit, in der Ihre Ideen durch „Zutaten" aus Ihrem Unterbewusstsein angereichert und verfeinert werden.

Gute Pläne brauchen Zeit zum Reifen

Haben Sie deshalb ein bisschen Geduld. Lassen Sie Ihren Entwurf „reifen" und bearbeiten Sie ihn mehrfach. „Überschlafen" Sie Ihre Planung – Ihr Unterbewusstsein beschäftigt sich in der Zwischenzeit weiter mit dem Thema. Wenn Sie dann die Aufzeichnungen nach ein oder zwei Tagen überarbeiten, werden Sie diese mit zahlreichen neuen Impulsen und guten Gedanken optimieren können.

Wenn Sie schließlich alle Maßnahmen, die zum Erreichen des Zieles nötig sind, auf die verfügbare Zeit aufteilen, haben Sie Ihren Fahrplan zum Ziel. Mit dieser detaillierten Planung gewährleisten Sie, dass Sie alle Schritte in der richtigen Reihenfolge gehen.

Erfolgsbaustein 23: Detailplanung

Überschaubare Etappen führen sicher zum Ziel

> *„Was immer wir anstreben: Vergessen dürfen wir nicht, dass der, der ein fernes Ziel erreichen will, sehr viele kleine Schritte tun muss."*
>
> (Helmut Schmidt)

„Der Mensch kann einen Elefanten essen – aber nicht in einem Stück." Antarktis-Bezwinger Boerge Ousland bringt auf den Punkt, was den Erfolg einer großen Aufgabe oder Herausforderung ausmacht: Den langen und beschwerlichen Weg zum Ziel in überschaubare Etappen aufzuteilen.

Der damals 34-jährige Norweger schaffte es im Januar 1997 als erster Mensch, die Antarktis allein und ohne Unterstützung auf Skiern zu durchqueren. 2830 einsame und eisige Kilometer, aufgeteilt in 64 Tagesetappen. Ohne exaktes, zielgerichtetes Planen und Handeln wäre diese strapaziöse Soloexpedition über den Südpol nicht zu schaffen gewesen.

„Es ist sehr wichtig, einen strikten Plan für jeden einzelnen Tag zu haben", erkannte Boerge Ousland. Zwischenziele halfen dem Norweger bei seinem perfekt geplanten Projekt: „Jeder Tag ist ein Sieg. Ich setze mir kleine Ziele, damit die Aufgabe nicht zu lang erscheint."

„Ich setze mir kleine Ziele, damit die Aufgabe nicht zu lang erscheint"

Das Erfolgsrezept von Boerge Ousland lässt sich auf jede Vorgehensplanung übertragen:

- ☐ Dröseln Sie die zunächst unübersichtliche Vielfalt an notwendigen Aktivitäten und Terminen in überschaubare Portionen auf, in messbare und terminierbare kleine Einheiten.

- ☐ Untergliedern Sie alle Maßnahmen in so kleine Einzelschritte, dass Sie diese Teilaufgaben ganz konkret in die Zeitplanung Ihres Helf-Recht-Planers, Ihres Terminkalenders oder Ihrer Terminsoftware übernehmen und eine nach der anderen erledigen können.

Untergliedern Sie alle Aktivitäten in überschaubare Einzelschritte

Teilaufgaben auf die verfügbare Zeit verteilen

Durch diese systematische Vorgehensplanung können Sie auch sehr anspruchsvolle Aufgaben lösen, komplexe Mammutprojekte bewältigen, private und unternehmerische Höhenflüge jeder Art meistern. Entscheidend ist es, das große Ganze in überschaubare Einheiten und kleinste Teilrisiken aufzusplitten und dann eines nach dem anderen anzugehen.

Schritt für Schritt sind auch große Herausforderungen zu bewältigen

Das ist dann der Übergang ins Zeitmanagement, mit dem sämtliche Teilaufgaben, die zum Erreichen eines Zieles notwendig sind, sinnvoll und abgestimmt auf die zur Verfügung stehende Zeit verteilt werden.

Bei sehr lang laufenden Projekten (Hausbau, Aufbau eines neuen Marktes, Produktentwicklung, ...) kann in der Phase der Vorgehensplanung sicher noch nicht jeder Einzelschritt, jede

Einzelmaßnahme vorbereitet und terminiert werden. Sie sollten aber die Details zumindest für die erweiterte Startphase ganz konkret terminieren und die weiteren wichtigen Schritte und Maßnahmen in einem Projekt-Terminplan auf die Laufzeit des Projektes verteilen. So haben Sie den Überblick über die Gesamtplanung – die Feinabstimmung erfolgt dann mit der entsprechenden Jahres- beziehungsweise Monatsplanung.

Wichtige Schritte auf die Laufzeit des Projektes verteilen

Sammeln Sie kleine Erfolgserlebnisse

Das Aufteilen eines Projektes in kleinere Einheiten hat mehrere Vorteile. Ein ganz wichtiger, meist unterschätzter Pluspunkt ist die psychologische Wirkung: Das Erreichen eines Zieles – auch eines kleinen – motiviert ungemein. Gehen Sie Schritt für Schritt voran und verwirklichen Sie Ihre Etappenziele eines nach dem anderen, so können Sie lauter kleine Erfolgserlebnisse verzeichnen. Erfolgserlebnisse, die Sie auf dem langen Weg zum eigentlichen Ziel immer wieder neu motivieren.

Das Erreichen eines Zwischenzieles ist Motivation für den weiteren Weg

Die detaillierte Vorgehensplanung mit exakter schriftlicher Zeitplanung ist zudem ein äußerst feinfühliges Instrument für Steuerung und Controlling: Sie merken in der Umsetzungsphase sofort, wenn Sie bei einzelnen Schritten den geplanten Weg verlassen. Wenn nötig, können Sie also unverzüglich gegensteuern und wieder geraden Kurs auf Ihr Ziel nehmen.

Detaillierte Vorgehensplanung erleichtert das Controlling

Kapitel 5:

Pläne umsetzen und Ziele erreichen – mit Konsequenz und zielorientiertem Zeitmanagement

In diesem Kapitel 5 lesen Sie:

Kaum ein Ziel lässt sich mit einem Schritt erreichen. In aller Regel sind viele große und kleine Schritte notwendig, um an ein fernes Ziel zu gelangen. Hierfür braucht es eine systematische Zeitplanung sowie ein gewisses Maß an Konsequenz und Selbstdisziplin.

In diesem Kapitel erfahren Sie, wie Sie die einzelnen Schritte Ihrer Vorgehensplanung kontrolliert in die Realität umsetzen und den Zielen Ihres Lebens Tag für Tag ein Stückchen näher kommen (= Erfolg!).

Außerdem erhalten Sie in den folgenden Beiträgen eine Fülle von Anregungen und Praxistipps für ein funktionierendes Zeitmanagement.

Erfolgsbaustein 24: Tagesplanung

Arbeiten Sie jeden Tag ein Stück an Ihrem Erfolg

> *„Jeder Tag ist ein kleines Leben."*
>
> (Arthur Schopenhauer)

Die Zeitplanung schlägt die Brücke vom Plan zur Tat

Je detaillierter Ihre Vorgehensplanung wird, desto mehr kommen Sie in die Zeitplanung hinein. Sie schlägt die Brücke vom Plan zur Tat. Denn erst dadurch, dass Sie konkret festlegen, wann Sie was tun werden, schaffen Sie die Voraussetzung dafür, dass die einzelnen Schritte Ihrer Vorgehensplanung in die Realität umgesetzt werden.

- ☐ **Schreiben Sie alle (Teil-)Aufgaben und Einzelschritte aus Ihrer Vorgehensplanung in die Tagespläne Ihres HelfRecht-Planers oder Terminkalenders.** Damit haben Sie Ihre mittel- und langfristigen Pläne so weit aufgesplittet, dass Sie Ihrem Ziel (= Erfolg!) Tag für Tag ein Stückchen näher kommen. Das Aufschreiben ist gleichermaßen Hilfe wie Verpflichtung: Es erleichtert Ihnen, nichts zu vergessen sowie den Überblick zu behalten. Und es nimmt Sie in die Pflicht, konsequent dranzubleiben.

- ☐ **Planen Sie jeden einzelnen Tag:** Vor Beginn der Tagesarbeit sollten Sie jeweils Ihren Tagesplan strukturieren: Welche Aufgaben und Termine stehen an? In welcher Reihenfolge und in welchen Zeiträumen wollen Sie die einzelnen Aktivitäten abarbeiten? Noch besser ist es, wenn Sie diese Vorbereitung am Abend vorher erledigen, beispielsweise als Abschluss Ihres Arbeitstages. Dann kann sich Ihr Unterbewusstsein über Nacht mit den einzelnen Themen beschäftigen. Wenn Ihnen zu einzelnen Aufgaben und Terminen schon erste Ideen kommen: prima! Schreiben Sie diese mit dazu, ob Lösungsansätze, Fragen oder anderes.

Welche Aufgaben und Termine stehen an? Wie gehe ich vor?

- ☐ **Planen Sie Termine und Zeiträume realistisch** – lassen Sie ausreichend Luft für Unvorhergesehenes, für eventuell notwendige Umwege zum Ziel. Nicht mehr als 60 Prozent Ihrer Zeit sollten Sie verplanen.

Lassen Sie ausreichend Zeit für Unvorhergesehenes

- ☐ **Verschaffen Sie sich mit einem Tages-Rahmenplan Überblick über die fest vergebenen Zeiträume.** Durch täglich (oder wöchentlich/monatlich) wiederkehrende Fix-Termine (Aufstehen, Frühstück, Fahrt zur Arbeit, Mittagspause ...) und Tätigkeiten (Kontrollaufgaben, Teamsitzungen, Mitarbeitergespräche ...) ist Ihre Zeit bereits strukturiert und eingeschränkt. Für weitere Aufgaben und Wünsche bleibt also entsprechend weniger Zeit. Berücksichtigen Sie dies bei Ihrer Zeitplanung. Es bewahrt Sie davor, dass Sie in einer „engen" Phase vielleicht eine Stunde eher aufstehen oder eine kurzfristige Nachtschicht einlegen müssen, um Ihre Aufgaben erledigen zu können.

Berücksichtigen Sie die wiederkehrenden Fix-Termine

Orientieren Sie sich an Ihrer persönlichen Leistungskurve

☐ **Bestimmen Sie außerdem Ihren Tagesrhythmus:** Jeder Mensch besitzt seinen eigenen Rhythmus. Deshalb sollten Sie sich eine Zeit lang selber beobachten, um Ihre tägliche Leistungskurve zu ermitteln. Mindestens einmal monatlich sollten Sie sich dann Gedanken über den für Sie optimalen Tagesrhythmus machen. Planen Sie von vorneherein für jeden Tag den zeitlichen Rahmen; legen Sie fest, wann Sie die wichtigsten Telefonate führen, wann Sie absolut ungestört arbeiten und kreativ tätig sein wollen, wann Sie Mitarbeitergespräche führen und Routinetätigkeiten erledigen.

Gestalten Sie Ihr Leben

Planen Sie eine persönliche „Zeitoase“ ein

☐ Teilen Sie mit der Tagesplanung nicht nur Ihren Arbeitsalltag ein – gestalten Sie Ihr Leben! Denn erfolgreiches Leben besteht in der Balance zwischen Beruf und Privatleben, zwischen Anstrengung und Erholung. Planen Sie deshalb in jeden Ihrer Tage auch Zeit für sich selbst ein – am besten jeden Tag Ihre ganz persönliche Stunde. Eine „Zeitoase“, die nur Ihnen allein gehört und die Sie sich von niemandem nehmen lassen.

☐ Planen Sie aber auch angemessene Zeit für Familie und Freunde ein, für Gesundheit und Sport, für Hobbys und soziale Aktivitäten, für Luftholen und Nachdenken sowie für Muße und Nichtstun.

☐ Bestimmen Sie für jeden Tag zudem mindestens eine Aufgabe, die nur der Realisierung

Praxistipp für Ihr Gleichgewicht:

Gönnen Sie sich täglich „Ihre Stunde"

Der Mensch muss Arbeiten und Leben, Beruf und Privat, Anspannung und Entspannung im Gleichgewicht halten (= „work-life-balance"). Selbst (oder gerade) wenn Sie beruflich sehr angespannt sind, sollten Sie sich deshalb daran gewöhnen, sich Tag für Tag eine bewusste Ruhepause zu gönnen: Eine Stunde des Tages sollte ausschließlich Ihnen gehören! Weder Kunden, noch Mitarbeitern, noch der Familie, sondern nur Ihnen!

Egal, ob Sie da ins Café gehen, sich in die Sonne legen, einen kurzen Mittagsschlaf halten, spazieren gehen, lesen oder Musik hören ... alleine für diese eine ganz persönliche Stunde sind Ihre Arbeitstage lebenswert, gleichgültig, wie stark Sie sonst gefordert werden. „Ihre Stunde" nimmt Stress und Belastung von Ihnen, versetzt Sie in gute Stimmung, macht Sie stark und leistungsfähig für die Anforderungen des beruflichen Alltages.

Gönnen Sie sich diese Stunde! Und falls das schlechte Gewissen kommen sollte, sagen Sie ihm einfach: „Eine Firma, die wegen einer einzigen Stunde, die ich nicht anwesend bin, in ihrer Existenz gefährdet ist, taugt sowieso nichts!"

Sie werden sehen, dass es Ihrem unternehmerischen/beruflichen Erfolg nicht abträglich, sondern höchst förderlich sein wird, wenn Sie sich auch während allergrößter Herausforderungen diese eine Muse- oder Muße-Stunde nehmen.

Frei nach Theodor Fontane: „So muss man leben: Immer die kleinen Freuden aufpicken, bis das große Glück kommt. Und wenn es nicht kommt, dann hat man wenigstens die ´kleinen Glücke´ gehabt."

Ihrer eigenen Ziele dient. Eine Aufgabe, die Ihrer persönlichen Erholung oder Erbauung dient, eine Aufgabe, die Ihnen zu mehr Lebensfreude verhilft. So stellen Sie sicher, dass jeder Tag ein positives Highlight für Sie enthält.

- ☐ Setzen Sie bei der Planung des Tages Prioritäten, damit wichtige Arbeiten nicht unerledigt bleiben (siehe hierzu auch Erfolgsbaustein 25). Lösen Sie sich davon, stets alle anstehenden Aufgaben gleichermaßen erledigen zu wollen. Nach dem so genannten Pareto-Prinzip erreichen Sie mit 20 Prozent Ihrer Tätigkeiten 80 Prozent Ihrer Ergebnisse. Das (wenige) Wichtige ist deshalb entscheidend, nicht das (viele) Dringende. Wenn Sie dieses Wichtige optimal erledigen, haben Sie schon sehr viel erreicht.

Widmen Sie sich dem wirklich Wichtigen

Denken Sie bewusst über jeden Tag nach

- ☐ Den abgelaufenen Tag sollten Sie jeweils schriftlich nachbereiten und bewerten. Fragen Sie sich, welchen Wert er für Ihr Leben hatte, wie er Sie Ihren Zielen näher gebracht hat.

- ☐ Beurteilen Sie vor allem den Tag als Ganzes – so vermeiden Sie es, vielleicht negative Einzelereignisse überzubewerten. Wägen Sie gut gelungene Aktionen gegenüber den eventuell misslungenen ab. Sie werden feststellen, dass die Pluspunkte weitaus zahlreicher sind als die Minuszeichen.

- ☐ Fragen Sie sich auch, warum Sie manche Aufgaben gut und andere weniger gut erledigt haben. So können Sie aus Ihren Fehlern lernen und Ihre Stärken fördern.

☐ Dieses Nachbereiten hat zudem eine starke Wirkung auf Ihr Unterbewusstsein. Wenn Sie abends Ihren Tagesplan durchgehen, stellen Sie sicher, dass alle noch nicht erledigten Aufgaben auf spätere Tage übertragen werden. So haben Sie die Gewissheit, nichts zu vergessen, und können entspannt Ihren Feierabend genießen.

So können Sie Ihren Feierabend entspannt genießen

Erfolgsbaustein 25: Prioritäten

Klare Prioritäten trennen Wichtiges von Unwichtigem

> *„Gegenüber der Fähigkeit, die Arbeit eines einzigen Tages sinnvoll zu ordnen, ist alles andere im Leben ein Kinderspiel."*
> (Johann Wolfgang von Goethe)

Jeder Unternehmer, jede Führungskraft kennt das Problem: Täglich ist eine Fülle an selbst gestellten und von außen kommenden Aufgaben zu erledigen. Es droht die Gefahr, sich zu verzetteln, die Übersicht zu verlieren, vor lauter Stress immer schneller und immer mehr zu arbeiten – und doch vieles von dem nicht zu schaffen, was eigentlich erledigt werden muss.

Aufgaben sehr bewusst gewichten

Damit Sie gar nicht erst in dieses Hamsterrad hineingeraten, sollten Sie bei der Tagesplanung alle anstehenden Aufgaben sehr bewusst nach klaren Prioritäten gliedern und gewichten.

Das hilft Ihnen, zwischen Wichtigem und Unwichtigem zu unterscheiden, zwischen Aufgaben und Tätigkeiten, denen Sie Ihre Zeit, Energie und gesamte Sorgfalt widmen müssen, denjenigen, die Sie mit angemessenem Aufwand erledigen sollten oder delegieren können – und denjenigen, die Sie getrost vergessen können.

☐ **Machen Sie einen Tagesplan:** Listen Sie in Ihrem Planer oder Terminkalender alle Aufgaben auf, die Sie sich selbst stellen (abgeleitet aus Ihrer Monats- und Vorgehensplanung) und die Ihnen von außen gestellt werden. Auf diesen Tagesplan kommen aber nicht nur Ihre beruflichen Aktivitäten, sondern auch private Termine und Aufgaben (siehe hierzu auch Erfolgsbaustein 24).

☐ **Gliedern Sie die Liste nach Prioritäten:** Kennzeichnen Sie alle Aufgaben, die Sie an diesem Tag unbedingt erledigen müssen, weil sie für Ihren privaten, beruflichen oder unternehmerischen Erfolg besonders aussichtsreich und wichtig sind, mit einer „1". Die „2" vergeben Sie für Aktivitäten, die zwar dringend sind, die Sie aber delegieren oder im Notfall auch auf den nächsten Tag verschieben können. Eine „3" erhalten schließlich alle Aufgaben, die Ihnen für Ihren Erfolg relativ unwichtig erscheinen und die Sie zu irgendeinem anderen Zeitpunkt erledigen, delegieren oder sogar unerledigt lassen können.

Unterteilen Sie Ihre Aufgaben in drei Kategorien mit abnehmender Wichtigkeit

☐ **Gliedern Sie nach Nummern oder Themen:** Sie können Ihre Arbeiten bei der Tagesplanung auch der Reihe nach durchnummerieren – was wichtig ist, muss dann zuerst getan werden („Reihenfolge der abnehmenden Wichtigkeit"). Oder Sie fassen Arbeitsblöcke nach Symbolen zusammen. Beispielsweise „T" für Telefongespräche, „M" für Mitarbeiterkontakte, „K" für Korrespondenz, „B" für Besprechungen ...

- ☐ **Planen Sie ausreichend Zeit ein:** Packen Sie nicht zu viele Aufgaben mit höchster Priorität in Ihren Tagesplan. Und planen Sie für deren Erledigung ausreichend Zeit ein – lieber mehr als zu wenig!

Konzentrieren Sie sich auf die Aufgaben, die für Ihren Erfolg entscheidend sind

- ☐ **Delegieren Sie Aufgaben:** Prüfen Sie bei der Planung, ob Sie unbedingt alles selber erledigen müssen. Konzentrieren Sie sich auf die für Ihren Erfolg entscheidenden Aufgaben. Gerade Durchführungs- und Verwaltungstätigkeiten eignen sich meist zum Delegieren.

- ☐ **Erledigen Sie den größten Brocken als erstes:** Meist empfiehlt es sich, den Arbeitstag mit dem größten „Brocken" zu beginnen, beispielsweise mit einer unangenehmen Pflichtaufgabe. Wenn die geschafft ist, sieht der Tag schon viel freundlicher aus. An die leichteren Aufgaben gehen Sie dann mit noch größerer Ruhe und Motivation heran.

Erledigen Sie konsequent eins nach dem anderen

- ☐ **Gehen Sie systematisch vor:** Befassen Sie sich nicht gleichzeitig mit allen Aufgaben, denen Sie die Priorität „1" gegeben haben. Von jedem ein bisschen, das bringt gar nichts. Erledigen Sie deshalb konsequent eins nach dem anderen. Arbeiten Sie entweder die Einser-Prioritäten der Reihe nach ab oder sortieren Sie diese nach Neigung und Spaß an der Aufgabe. Das garantiert Ihnen, dass Sie zumindest die für Ihren Erfolg wichtigsten Schritte gegangen sind, wenn Sie nicht das komplette Pensum schaffen.

Wenn Sie auf diese Weise die aussichtsreichsten und wichtigsten Aufgaben auswählen und erledigen, werden Sie selbst umfangreiche Tagespläne ruhig und gelassen angehen – denn Sie wissen, dass Sie Ihr Ziel nicht aus den Augen verlieren und das Wichtige auf jeden Fall zuerst erledigen.

Prioritäten zu setzen, lohnt sich deshalb nicht nur im täglichen Plan der beruflichen und privaten Aufgaben. Vielmehr sollten Sie Ihre Monats- und Jahrespläne ebenso mit Prioritäten gliedern wie Ihre mittel- und langfristigen Ziele und Pläne. Diese Aufteilung nach abnehmender Wichtigkeit hilft Ihnen, dass Sie in erster Linie an den – unternehmerischen, beruflichen und privaten – Zielen und Aufgaben arbeiten, die für Ihren Erfolg wirklich bedeutend sind.

Erfolgsbaustein 26: Konsequenz

Planung hat nur Sinn, wenn ihr die Tat folgt

> *„Es gibt nichts Gutes – außer: Man tut es!"*
>
> (Erich Kästner)

Gute Vorsätze sind wertlos, wenn Sie nicht vom Denken ins Handeln kommen

Gute Vorsätze allein sind wertlos: Die großartige Kraft Ihrer Wünsche, Träume, Visionen und Ziele kann sich nur wirkungsvoll entfalten, wenn Sie ihr die Gelegenheit dazu geben. Wenn Sie sich also aufmachen, dieser Kraft näher zu kommen. Wenn Sie vom Denken ins Handeln kommen. Erst wenn den Träumen Taten folgen, können Wünsche Wirklichkeit werden.

Alle guten Vorsätze bringen deshalb überhaupt nichts, wenn sie nicht durch eine Planung konkretisiert und festgeschrieben werden. Doch auch alle Pläne, mögen sie noch so gut und detailliert sein, sind umsonst, wenn sie nicht konsequent umgesetzt werden.

Wenn Ihre Planung steht, sollten Sie loslegen

Den ersten Schritt zu tun, kostet manchmal eine ziemliche Überwindung, aus welchen Gründen auch immer. Überwinden Sie sich – denn wer diesen ersten Schritt nicht geht, bleibt auf der Stelle. Ja, er fällt sogar zurück gegenüber anderen, die sich bereits auf den Weg gemacht haben. Deshalb sollten Sie nicht lange zögern, wenn Ihre Planung rund ist. Je länger Sie warten, desto schwieriger wird es.

Starten Sie mit einem ganz kleinen Schritt

Mit dem in diesem Buch beschriebenen Denken und Planen in Etappen haben Sie das wirksamste Mittel gegen den inneren Schweinehund zur Hand. Denn indem Sie eine große Herausforderung in kleinste Teilaufgaben zerlegen, setzen Sie die Hürden für jeden einzelnen Schritt deutlich niedriger. Es kostet Sie nur noch eine minimale Überwindung, loszulegen. Es ist ja nur ein ganz kleiner Schritt.

Wirksames Mittel gegen den inneren Schweinehund: große Herausforderungen in kleine Teilaufgaben zerlegen

Und sobald Sie die erste Minihürde nehmen, haben Sie auch Ihr erstes kleines Erfolgserlebnis, das Sie motiviert, den nächsten Schritt zu tun. Und dann wieder den nächsten. Und noch einen ... Wer so auf seinem langen Weg zum Ziel immer wieder kleine Erfolge in Form von erreichten Zwischenzielen einsammelt, dem fällt es deutlich leichter, ausdauernd weiterzumarschieren, als wenn er nach dem Start nur das ferne Ziel undeutlich vor Augen hätte.

Motivieren Sie sich durch erreichte Zwischenziele

Setzen Sie Ihren Plan kontrolliert um

- ☐ Wenn Sie die detaillierte Vorgehens- und Zeitplanung abgeschlossen haben, sollten Sie möglichst kurzfristig die erste dort festgelegte Teilaufgabe erledigen.

- ☐ Machen Sie kleine Schritte. Und nehmen Sie sich nicht zu viel auf einmal vor. Eine sorgfältige Zeitplanung und ein Arbeiten mit Prioritäten bewahren Sie weitgehend davor.

- ☐ Gehen Sie strikt nach Ihrem detaillierten Maßnahmenplan vor. Versuchen Sie, die vorgesehenen Termine und Zeiträume einzuhalten. Vermeiden Sie möglichst jedes Aufschieben.

- ☐ Behalten Sie stets Ausgangspunkt und Ziel im Auge: Wo stehe ich momentan? Bin ich auf dem geplanten Kurs? Hat das bisherige Vorgehen die gewünschten Ergebnisse/Erfolge gebracht? Habe ich das Ziel noch im Auge? Bin ich eventuell auf einem Seitenpfad oder Umweg gelandet?

Nutzen Sie kontinuierliches Controlling als „Frühwarnsystem"

- ☐ Nutzen Sie dieses kontinuierliche Controlling als Ihr „Frühwarnsystem": Es ermöglicht Ihnen, bei eventuellen Abweichungen sehr zeitnah zu reagieren und mit geeigneten Maßnahmen (oder auch mit ganz neuen Plänen) gegenzusteuern.

Machen Sie sich Ihre Erfolge bewusst

- ☐ Machen Sie sich jeden Abend bewusst, was Sie an diesem Tag geleistet und erreicht haben. Auch dies stärkt und setzt neue Energien frei.

- ☐ Gewöhnen Sie sich daran, jeden Tag bereits am Abend vorher vorzubereiten. Dadurch kann sich Ihr Unterbewusstsein über Nacht so intensiv mit den anstehenden Aufgaben anfreunden, dass der innere Schweinehund kaum noch eine Chance hat, Sie davon abzuhalten.

Ein starkes Ziel lässt Sie durchhalten

Die besten Pläne können scheitern. Das kommt immer wieder vor. Es ist aber nicht immer unabdingbar. Häufig nämlich führt nur ein Mangel an Konsequenz und Durchhaltevermögen zum Scheitern. Viele Menschen geben zu früh auf – häufig kurz vor dem Ziel, wenn es eigentlich nur noch eines kleinen Schrittes bedarf: „Gegen Morgen ist die Nacht am kältesten."

Ihre Einstellung ist die treibende Kraft

Entscheidend für Ihr Durchhaltevermögen ist in erster Linie Ihre Einstellung: Sie müssen das beschriebene Ziel wirklich erreichen wollen! Das ist die treibende Kraft. Ihr Denken und Wollen bestimmt Ihr Handeln. „Wo ein Wille ist, da ist auch ein Weg", sagt der Volksmund. Wenn Sie von Ihrem Ziel so richtig „gebissen" sind, werden Sie auch über einen längeren Zeitraum hinweg Kraft, Ausdauer und Beharrlichkeit aufbringen, es zu erreichen.

Kurzfristige Schwärmereien verlieren rasch ihre Anziehungskraft – begeisternde Wünsche und Ziele jedoch behalten auch in den turbulenten Wirbeln des hektischen Alltags ihre motivierende Wirkung, die Ihnen hilft, sie mit der nötigen Selbstdisziplin und Konsequenz zu verfolgen. Auch durch Widerstände, Störungen oder Rückschläge werden Sie sich nicht vom Weg abbringen lassen, sondern unbeirrt und ohne Zweifel weitergehen.

Wenn Sie aber eine bestimmte Aufgabe immer wieder hinaus schieben, sollten Sie sich fragen, ob Ihnen dieses Ziel wirklich so wichtig ist, wie Sie dachten. „Ich habe dafür keine Zeit" bedeutet häufig nichts anderes als „das ist mir nicht wichtig". Überarbeiten Sie dieses Ziel noch einmal, formulieren Sie es neu – oder verzichten Sie ganz darauf.

Praxistipp zum Umsetzen von Plänen:

Am „Startschuss-Tag“ ins Handeln kommen

Manche Menschen machen zwar sehr gut durchdachte Pläne, schaffen es dann aber im Trubel des Alltagsgeschäftes nicht, ins Handeln zu kommen. In solchen Fällen kann es hilfreich sein, wenn Sie sich einen festen „Startschuss-Tag“ einrichten. Einmal in der Woche (immer zur gleichen Zeit) zwei oder drei ungestörte Stunden, in denen Sie nichts anderes machen, als Pläne ins Laufen zu bringen.

Nehmen Sie Ihre Vorgehensplanung zur Hand. Was ist als Erstes zu tun? Machen Sie es. Am besten sofort. Gehen Sie dann den zweiten Schritt, anschließend den dritten und so weiter. Wichtig ist, dass Sie wirklich konsequent eins nach dem anderen machen. Wenn das Projekt dann erst einmal gestartet ist, wird es Ihnen deutlich leichter fallen, dranzubleiben!

Aufs Jahr gesehen haben Sie durch Ihren „Startschuss-Tag“ 100 bis 150 Stunden zur Verfügung, in denen Sie sich nur darauf konzentrieren, wichtige Dinge ins Laufen zu bringen und an der Verwirklichung Ihrer Träume und Pläne zu arbeiten.

Erfolgsbaustein 27: Zeitmanagement

Schaffen Sie sich Zeit für die wichtigen Aufgaben

> *„Eins, zwei drei im Sauseschritt eilt die Zeit – wir eilen mit."*
>
> (Wilhelm Busch)

„Ich habe viel zu wenig Zeit, ich bin voll im Stress!" – diesen Stoßseufzer hören Sie aus Ihrem Umfeld sicherlich auch immer wieder. Und vielleicht kennen Sie es ja auch selber: Die Zeit rast, die Aufgaben drücken, Unerledigtes lastet auf der Seele. Es fehlt Zeit für wichtige Aufgaben, für schöne, entspannende Momente, für Familie, Sport, Faulenzen, Konzert, ein gutes Buch ... Zu wenig Zeit!

Jeder Mensch hat die gleiche Menge Zeit zur Verfügung

Aber stimmt das wirklich? Haben wir, haben Sie tatsächlich zu wenig Zeit? Die Natur hat doch die Zeit gerecht verteilt: Jeder Mensch hat die gleiche Menge zur Verfügung: täglich 24 Stunden, gleich 1440 Minuten, gleich 86.400 Sekunden. Und das 365 (oder gar 366) mal im Jahr! Es kommt also darauf an, was Sie aus dieser Zeit machen, ob Sie Ihr Zeitpotential richtig nutzen, ob Sie Ihre Zeit für die wirklich wichtigen Aufgaben investieren.

Machen Sie Ihre „Zeitdiebe" dingfest

„Haben Sie mal eine Sekunde Zeit ...?" Gerade hat man sich intensiv in eine Aufgabe hineingearbeitet, da steht ein Mitarbeiter vor dem Schreibtisch und hat eine „ganz wichtige Frage". Oder es klingelt das Telefon. Oder ein Projektteam braucht jetzt sofort den Rat des Chefs ...

„Zeitdiebe" schmeißen die Planung über den Haufen

Da haben Sie sich nun mühsam einen detaillierten Zeitplan erarbeitet, mit dem Sie Ihre Ziel- und Vorgehensplanung in die Realität umsetzen wollen – und dann kommen die alltäglichen kleinen „Zeitdiebe" und schmeißen alles wieder über den Haufen. Gemeint sind mit „Zeitdieben" oder „Zeitfressern" weniger die Personen als vielmehr die entsprechenden Situationen, die einen beim Abarbeiten der schriftlichen Planung immer wieder stören, unterbrechen, zum Improvisieren zwingen.

Widmen Sie sich dem wirklich Wichtigen

In aller Regel bringen 20 Prozent des Arbeitsaufwandes 80 Prozent der Ergebnisse. Für die restlichen 20 Prozent der Ergebnisse muss man dagegen 80 Prozent seiner Zeit und Energie aufwenden. Das bedeutet: Die meiste Zeit beschäftigen wir uns mit Tätigkeiten, die nur wenig Ertrag einbringen; lediglich ein Fünftel unserer Zeit widmen wir den wirklich wichtigen Dingen.

Dieses Prinzip können Sie auch auf Ihr persönliches Zeitmanagement anwenden: Um Störquellen, Zeitdiebe und Zeitstress in den Griff zu bekommen, ist es wichtig, dass Sie sich möglichst nur den wirklich wichtigen 20 Prozent der täglich anstehenden Aufgaben widmen und die unwichtigen 80 Prozent delegieren oder vergessen.

Um dies auch tatsächlich zu erreichen, ist zwar etwas Selbstdisziplin und Konsequenz gefordert. Aber Sie werden merken: Es lohnt sich – Sie werden weniger, dafür spürbar effizienter arbeiten.

Analysieren Sie, was Sie Zeit kostet

Voraussetzung für diese Konzentration auf die für Sie wirklich wichtigen Aufgaben ist zunächst wieder eine gründliche, schriftliche Analyse des Status quo:

- ☐ **Analysieren Sie schriftlich Ihren Arbeitstag:** Wie ist Ihr Arbeitsstil? Was möchten Sie ändern? Was belastet Sie? Wofür haben Sie zu wenig Zeit? Wo liegen hierfür die Ursachen? Wie sieht das Idealbild Ihres Arbeitstages aus? Was könnte passieren, wenn sich an der momentanen Situation nichts ändert, wenn es Ihnen nicht gelingt, das zu verändern, was Sie bei Ihrer Arbeit täglich belastet?

Wie arbeiten Sie heute?

- ☐ **Analysieren Sie zwei Wochen lang Ihre Arbeitsweise:** Sehr viel Zeit kosten täglich oder wöchentlich wiederkehrende Routinetätigkeiten. Prüfen Sie deshalb, welche der von Ihnen bearbeiteten Aufgaben wirklich wichtige (Führungs-)Aufgaben sind. Was ist überflüssig? Was könnten Sie an Mitarbeiter delegieren? Wer sollte es übernehmen? Wann beginnen Sie mit der hierfür notwendigen Einweisung oder Qualifizierung? Können Sie die Routineaufgaben, die Sie selber erledigen müssen, eventuell sinnvoller und damit zeitsparender organisieren?

Analysieren Sie insbesondere Ihre wiederkehrenden Routinetätigkeiten

Notieren Sie konsequent alle Störungen

- ☐ **Entdecken Sie mit einer Störquellenanalyse** (siehe Muster auf Seite 205) **Ihre persönlichen „Zeitdiebe"**: Beobachten Sie zwei Wochen lang Ihren Arbeitsalltag. Schreiben Sie konsequent auf, wer oder was Sie wann und aus welchem Grund stört. Telefongespräche, angemeldete oder nicht angemeldete Besucher, Besprechungen, Rückfragen ...

- ☐ **Analysieren Sie anhand der Störquellenanalyse Ihre Zeitdiebe:** Wie viele Stunden und Minuten Ihrer kostbaren Zeit haben diese unvorhergesehenen kleinen Störungen Sie in den letzten zwei Wochen gekostet? (Das ist sicherlich weit mehr, als die meisten Menschen vermuten!) Aus welchen Gründen wurden Sie gestört? War das wirklich notwendig? Wie lässt sich das künftig vermeiden?

Arbeiten Sie bewusst an Ihrem persönlichen Zeitmanagement

Aus der detaillierten Analyse des Ist-Zustandes heraus können Sie nun daran gehen, bewusst an Ihrem persönlichen Zeitmanagement zu arbeiten, „Zeitdiebe" an die Kette zu legen, „Zeitfresser" in den Griff zu bekommen.

Erarbeiten Sie sich mit Zielplanung (Kapitel 3) und Vorgehensplanung (Kapitel 4) eine individuelle Strategie und konkrete Maßnahmen, wie Sie Ihren Arbeitsstil, Ihre Arbeitsgewohnheiten, Ihr Arbeitsumfeld, Ihren Arbeitsalltag so gestalten, dass Sie in kürzerer Zeit mehr schaffen.

Tipps für eine bessere Nutzung der Zeit

Hier noch einige bewährte Tipps, wie Sie störende Einflüsse in Ihrem privaten und berufli-

Störquellenanalyse für den ________________
Störquellenursachen und Dauer in Minuten

Zeit	Telefongespräche		Besucher		Besprechungen		Rückfragen		Bemerkungen
von ______ bis ______	wurde angerufen	habe angerufen	angemeldet	nicht angemeldet	geplant	ein-geschoben	von Mitarbeitern	an Mitarbeiter	
	Minuten	Minuten	Minuten	Minuten	Minuten	Minuten	Minuten	Minuten	

AM169 © Copyright 1990 - 2001 by HelfRecht, Bad Alexandersbad

chen Alltag vermindern und dadurch mehr Zeit für Ihre wirklich wichtigen Aufgaben bekommen können:

Messen Sie jede Entscheidung und Aufgabe an Ihren Zielen

- ☐ **Machen Sie sich klar, was Sie wollen:** Die wichtigste Voraussetzung für stressfreies Arbeiten ist die konsequente Orientierung an Zielen. Wenn Sie wissen, welche Ziele Ihnen wirklich wichtig sind, dann können Sie jede Entscheidung und jede Aufgabe daran messen, können die richtigen Prioritäten setzen, können gezielt an den für Ihren Erfolg entscheidenden Dingen arbeiten. Mit dieser Zielorientierung vermeiden Sie belastenden Druck – denn der entsteht vor allem, wenn Sie nicht wissen, wie Sie Ihre Aufgabenvielfalt angehen und bewältigen sollen. Bestimmen Sie deshalb für jeden Tag mindestens ein konkretes Ziel, das Ihnen an diesem Tag ganz besonders wichtig ist.

- ☐ **Gestalten Sie Ihre Zeit sehr bewusst:** Wer vorausplant, wird nicht so leicht vom Stress überrollt. Planen Sie deshalb jeden Tag nach dem bewährten Schema: 1. Welche Termine, Aufgaben, Freizeitaktivitäten … stehen an? 2. Was ist Ihnen wirklich wichtig? 3. In welcher Reihenfolge erledigen Sie es? So gestalten Sie Ihr Leben weitgehend selbstbestimmt.

- ☐ **Strukturieren Sie Ihren Tag in Zeitblöcke:** Wer seine Aktivitäten unkoordiniert durcheinander erledigt, muss sich gedanklich immer wieder neu einstellen. Zeit und Stress spart es, wenn Sie Ihren Tag so strukturieren,

Praxistipps gegen den Terminstress:

Geben Sie Ihrer Zeit einen Rahmen

„Dafür finde ich einfach keine Zeit ...!" Sicher kennen Sie diese entschuldigende Ausrede. Darauf gibt es nur eine ganz klare Antwort: „Zeit werden Sie niemals finden. Wenn Sie Zeit haben möchten, müssen Sie sich welche schaffen."

Beispielsweise durch feste Termine für Aktivitäten, die Ihnen wichtig sind. Denn regelmäßig wiederkehrende Fixtermine haben auf unsere Prioritäten eine sehr starke Wirkung.

Tennisspieler, die sich im Sommer sehr kurzfristig zum Spiel verabreden, werden unregelmäßig und selten auf dem Platz stehen. Da muss heute erst noch eine dringende Aufgabe erledigt werden, da kommt ein zusätzlicher Termin dazwischen, eine unaufschiebbare Besprechung ... „vielleicht klappt´s ja morgen. Oder übermorgen!"

Anders im Winter: Da bewirkt die gebuchte (und bezahlte) Hallenstunde einen gewissen Druck. Der feste Termin sorgt dafür, dass die Tennispartner ihre Prioritäten von vornherein anders planen. Jeder versucht mit allen Mitteln, seine Aufgaben rechtzeitig erledigt zu haben, Termine so zu legen, dass sie nicht mit der abonnierten Tennisstunde kollidieren ...

- ▷ Machen Sie sich deshalb klar, was Ihnen wirklich wichtig ist: Auf welche täglichen, wöchentlichen, monatlichen ... Termine oder Aktivitäten möchten/dürfen Sie auf keinen Fall verzichten?
- ▷ Abonnieren Sie diese Zeiten in Ihrem Leben – und blockieren Sie diese Stunden in Ihrer schriftlichen Zeitplanung.
- ▷ Berücksichtigen Sie außerdem die von vornherein fest vergebenen Zeiträume (täglich oder regelmäßig wiederkehrend):

Morgentoilette, Frühstück, Fahrt zur Arbeit, Postbesprechung, Mittagspause, Mitarbeiter- und Kundengespräche, ... all das reduziert die zur Verfügung stehende Zeit bereits beträchtlich!

▷ Geben Sie Ihrem Alltag dadurch einen Rahmen, der für Sie gleichermaßen Orientierung wie Begrenzung ist. Messen Sie alles andere an diesem Rahmen, wann immer Sie Aufgaben und Termine planen: Wie wichtig, wie dringend ist es Ihnen wirklich?

▷ Der Tages-Rahmenplan sagt Ihnen ganz deutlich: „Hier ist die Grenze des Machbaren – wenn du darüber hinausgehst, musst du auf etwas verzichten, was dir doch eigentlich so lieb und teuer ist!"

▷ Das bewahrt Sie davor, in Ihren Tag zu viel hineinzupacken. Es hilft Ihnen, die richtigen Prioritäten zu setzen – und Zeit zu haben für die Dinge, die Ihnen wirklich wichtig sind.

dass Sie gleichartige Aufgaben zusammenfassen. Beispielsweise einen Zeitblock für konzentriertes Arbeiten (Problemlösungen, Entscheidungen), einen für Korrespondenz (Briefe, Telefonate), einen für Besprechungen, einen für gründliches Nachdenken und Vorbereiten (Planen), einen für Erholung und Muße ... Stimmen Sie Ihre Zeitblöcke mit Ihrem Tagesrahmenplan und Ihrem Biorhythmus ab.

☐ **Planen Sie bewusst Zeitpuffer ein:** Gewöhnen Sie sich an, bei Ihrer Zeitplanung zwischen einzelnen Terminen und Aufgaben ausreichend Luft zu lassen für Unvorhergesehenes. Mindestens ein Drittel Ihrer verfügbaren Zeit sollten Sie hierfür vorsehen.

☐ **Schaffen Sie sich störungsfreie Zeiten:** Reservieren Sie sich einen festen Zeitraum Ihres Arbeitstages für die wirklich wichtigen Aufgaben. Schotten Sie sich ab, so dass Sie ungestört und hoch konzentriert arbeiten können. Tür zu, möglichst kein Telefongespräch, keinen Besuch. Nur wenig ist so brandeilig, dass es nicht noch eine Stunde (oder auch länger) Zeit hätte. Einzige Ausnahme: Kunden haben Vorfahrt!

Auf der beruhigten „Zeitinsel" können Sie besonders konzentriert und effizient arbeiten

☐ **Nutzen Sie die Vorteile dieser „Zeitinsel":** Sie werden merken, dass Sie auf dieser beruhigten „Zeitinsel" weitaus mehr schaffen, ungleich kreativer und effizienter arbeiten, als Sie es bislang gewohnt waren. Die Einführung einer störungsfreien Zeit ist deshalb eine der wirkungsvollsten Maßnahmen zur Einsparung von (Arbeits-)Zeit!

☐ **Machen Sie es zur Gewohnheit:** Das störungsfreie Arbeiten sollte Tag für Tag im gleichen Zeitraum liegen. Das zwingt Sie nicht nur, sich darauf zu disziplinieren. Es gewöhnt auch Ihre Mitarbeiterinnen und Mitarbeiter daran, diesen Freiraum zu respektieren. Berücksichtigen Sie Ihren persönlichen Biorhythmus und legen Sie die störungsfreien Stunden für die besonders wichtigen Aufgaben in den Zeitraum, in dem Sie erfahrungsgemäß am leistungsfähigsten sind und am besten arbeiten können.

Nutzen Sie Ihr Leistungshoch

☐ **Überzeugen Sie Ihr Umfeld durch Ihr Beispiel:** Erläutern Sie Ihren Mitarbeiterinnen und Mitarbeitern den Sinn und Nutzen Ihrer störungsfreien Zeit. Dann wird wohl jeder (der sich ja insgeheim über seine eigenen „Zeitdiebe" ärgert) Verständnis haben. Und wenn Ihre Umgebung sieht, welche Ergebnisse Sie in diesen störungsfreien Zeiten erreichen, wird Ihr Beispiel bald Schule machen. Am effektivsten ist es nämlich, die störungsfreie Zeit – sofern möglich – einheitlich im ganzen Unternehmen einzuführen und einzuhalten.

Ihr Beispiel wird bald Schule machen

☐ **Lernen Sie „nein" zu sagen:** Übernehmen Sie nicht aus kollegialer Gutmütigkeit alle Aufgaben, um die man Sie bittet. Prüfen Sie bei jeder Anfrage, wie diese in Ihre Prioritätenliste passt. Wenn Ihre eigenen Aufgaben wichtiger sind: Sagen Sie das demjenigen, der Sie bittet, eine zusätzliche Aufgabe zu übernehmen. Finden Sie eine gemeinsame Lösung, die beiden Seiten hilft. Für manche Menschen kann das „Nein"-sagen lernen eine ganz erhebliche Zeitersparnis bewirken, die eine Menge Druck beseitigt.

☐ **Vermeiden Sie optische Ablenkungen:** Nicht wenig wertvolle Arbeitszeit geht allein durch optische Ablenkung am Arbeitsplatz verloren. Es ist schwer, mit den Gedanken konzentriert beim jeweils bearbeiteten Vorgang zu bleiben, wenn im Augenwinkel permanent die unerledigten Aufgaben des Tages winken.

Auf den Schreibtisch gehört nur das, was Sie gerade bearbeiten

☐ **Schaffen Sie sich einen leeren Schreibtisch:** In Chaos und Ordnung lassen sich keine geordneten Gedanken fassen. Deshalb gehört nur das auf den Schreibtisch, was Sie gerade bearbeiten. Alles andere verschwindet aus Ihrem Blickfeld in einer Schublade oder auf einem Sideboard hinter Ihnen. So können Sie der aktuellen Aufgabe jeweils Ihre ungeteilte Aufmerksamkeit widmen.

- ☐ **Optimieren Sie Ihre Organisation:** Das Prinzip des leeren Schreibtisches funktioniert am besten, wenn Sie Ihren Arbeitsplatz grundsätzlich so organisieren, dass Ordnung herrscht. Schon allein aus psychologischen Gründen: Ordnung in den Unterlagen bewirkt Ordnung im Kopf. Vor allem aber auch aus ökonomischen Gründen: Wenn Sie zügig zuarbeiten können, ohne ständig nach Arbeitsmitteln, Unterlagen und Informationen suchen zu müssen, sparen Sie viel Zeit und damit Geld.

Ordnung in den Unterlagen bewirkt Ordnung im Kopf

- ☐ **Machen Sie Ihre Besprechungen effizienter:** Meetings sind die größten Zeitdiebe im unternehmerischen Alltag – und damit ein ergiebiges Einsparpotential. Prüfen Sie vor jeder Besprechung, ob sie wirklich notwendig ist. Wenn ja: Wer muss wirklich teilnehmen? Legen Sie für jedes Treffen ein klares Ziel und einen Zeitrahmen fest. Informieren Sie alle Teilnehmer frühzeitig über Themen und Inhalte. Führen Sie die Besprechung straff und zielorientiert. Sorgen Sie dafür, dass Entscheidungen getroffen und (mit Terminen und Verantwortlichen) protokolliert werden. Überwachen Sie die Umsetzung. Manche Firmen haben auch gute Erfahrungen mit Steh-Meetings gemacht – die Besprechun-

Probieren Sie es doch einmal mit Besprechungen im Stehen

gen wurden automatisch kürzer, wenn die Teilnehmer nicht bequem vor ihrer Kaffeetasse saßen.

- ☐ **Nutzen Sie Checklisten für wiederkehrende Aufgaben:** Viele Situationen im Leben wiederholen sich. Eine gute Gelegenheit, Zeit zu sparen: Legen Sie sich für wiederkehrende Aktivitäten Checklisten an. Dann müssen Sie nicht jedes Mal aufs Neue überlegen, was Sie beispielsweise für den Urlaub oder eine Dienstreise einpacken und mitnehmen müssen, auf was Sie bei bestimmten Aufgaben zu achten haben, welche Termine und Aktivitäten jeden Monat anfallen …

- ☐ **Zwingen Sie sich zur Selbstdisziplin:** Die beste Planung und das perfekte Zeitmanagement bleiben wirkungslos, wenn Sie nicht aktiv mitspielen und mit Konsequenz und Beharrlichkeit auf Ihr Ziel hinarbeiten (siehe Erfolgsbaustein 26). Achten Sie darauf, Ihren inneren Schweinehund in Schach zu halten. Motivieren Sie sich immer wieder selber, beispielsweise durch eine Belohnung für erreichte Ziele (siehe „Erfolgsbaustein 29: Liste der Erfolge").

Praxistipps zum Zeitmanagement:

So sparen Sie Zeit in Ihrem Arbeitsalltag

▷ Analysieren Sie Ihren Arbeitstag und Ihre Arbeitsweise.
▷ Entdecken und analysieren Sie Ihre Zeitdiebe.
▷ Reservieren Sie sich eine tägliche störungsfreie Zeit.
▷ Optimieren Sie Ihre Arbeitsorganisation.
▷ Schaffen Sie sich einen leeren Schreibtisch.
▷ Lernen Sie, auch einmal „nein" zu sagen.
▷ Gestalten Sie Besprechungen effektiver.
▷ Nutzen Sie Checklisten für wiederkehrende Aufgaben.
▷ Zwingen Sie sich zu Konsequenz und Selbstdisziplin.
▷ Schreiben Sie alle Aufgaben und Termine auf.
▷ Gliedern und gewichten Sie diese nach Prioritäten.
▷ Machen Sie einen Zeitplan.
▷ Gehen Sie nach Zeitplan und Prioritätenliste vor.
▷ Arbeiten Sie eine Aufgabe nach der anderen ab.

Kapitel 6:

So bringen Sie sich selbst voran

In diesem Kapitel 6 lesen Sie:

Wer persönlich Erfolg haben möchte, muss bei sich selber anfangen und ganz bewusst an sich arbeiten.

In diesem Kapitel finden Sie hierzu zahlreiche Anregungen und Praxistipps: Sie erfahren, wie Sie Kraft aus Ihren Erfolgen schöpfen, wie Sie systematisch Ihre Karriere planen, wie Sie gezielt Ihre Stimmung beeinflussen und wie Sie Beziehungsmanagement, Ideenmanagement oder auch Wissensmanagement methodisch für Ihren Erfolg einsetzen.

Erfolgsbaustein 28: Karrieremanagement

Nehmen Sie Ihre berufliche Entwicklung selbst in die Hand

> *„Ein Mensch, der sich ernsthaft ein Ziel gesetzt hat, wird es auch erreichen."*
>
> (Benjamin Disraeli)

Wer seine Karriere dem Zufall überlässt, wird keinen Erfolg haben

Erfolg ist das Erreichen der eigenen Ziele. Das gilt auch für Beruf und Karriere. Wer abwartet und seine berufliche Entwicklung dem Zufall überlässt, der wird keinen Erfolg haben. Er wird stehen bleiben – beziehungsweise hinter denen zurückbleiben, die sich weiterentwickeln.

Wer hingegen seine berufliche Weiterentwicklung aktiv und zielorientiert selbst in die Hand nimmt, wer sich ehrgeizige Berufsziele definiert und diese systematisch verfolgt, der wird es auch zu etwas bringen. Er wird Erfüllung, Zufriedenheit und Bestätigung in seiner Aufgabe finden – und damit einen zentralen Faktor für Lebensglück und Lebenserfolg.

Was tun Sie besonders gern und gut?

Voraussetzung für die weitblickende Planung des eigenen Berufsweges ist, wie Sie es in diesem Buch schon häufiger erfahren haben, stets eine gründliche Analyse der Ausgangslage, die Ihnen dabei hilft, sich individuell passend zu entfalten. Besonderem Augenmerk sollten Sie dabei Ihren persönlichen Stärken und Schwächen widmen:

Arbeiten Sie Ihre persönlichen Stärken und Schwächen heraus

- ☐ Filtern Sie heraus, was Sie besonders gerne und gut machen – und was Sie gerne hintanstellen und immer wieder aufschieben.

- ☐ Überlegen Sie sich, was Ihnen in Ihrem bisherigen beruflichen und privaten Leben aus welchen Gründen gut gelungen ist – und aus welchen Gründen Sie welche Misserfolge hatten.

- ☐ Durchleuchten Sie Ihr derzeitiges berufliches Aufgabenfeld: Was tun Sie im Einzelnen? Welche der zahlreichen Tätigkeiten sind Ihre tatsächlich wichtigsten Hauptaufgaben? Welche Kompetenzen und welche Verantwortung haben Sie? Welchen Nutzen bieten Sie welchen Personen oder Gruppen?

Was tun Sie wirklich?

- ☐ Bewerten Sie die aktuelle Situation: Was gefällt Ihnen daran? Was weniger? Was müsste/sollte sich ändern?

Durch die Analyse (siehe auch „Anregungen zum Karrieremanagement“ auf den nächsten Seiten) gewinnen Sie Klarheit über Ihre gegenwärtige berufliche Situation, die durch persönliche Faktoren und externe Einflüsse bestimmt wird. Von dieser Basis aus können Sie dann ehrgeizige berufliche Ziele festlegen, die Ihren Stärken, Begabungen, Talenten, Fähigkeiten und vor allem auch Ihren Wünschen entsprechen. Ziele, die deshalb so attraktiv für Sie sind, dass Sie alles daran setzen, sie auch zu erreichen.

Klarheit über Ihre gegenwärtige berufliche Situation

Anregungen zum Karrieremanagement:

Nutzen Sie Ihre Stärken und Begabungen

Auch für die berufliche Weiterentwicklung ist eine gründliche Analyse wichtigste Voraussetzung. Erst wenn Sie sich (durch eine Gegenüberstellung von positiven und negativen Aspekten) über Ihre persönlichen Stärken, Begabungen, Schwerpunkte und Chancen klar geworden sind, können Sie ehrgeizige Ziele definieren und gezielt an Ihrer Karriere arbeiten.

Analyse

- **Erfolge:** Was waren bisher die größten Erfolge meines Lebens? Wie habe ich diese erreicht? Welche Konsequenzen ziehe ich daraus?

- **Misserfolge:** Was waren die größten Misserfolge, Schwierigkeiten und Unglücksfälle meines Lebens? Wie habe ich diese überwunden?

- **Harmonische Beziehungen:** Zu welchen Menschen habe ich eine besonders harmonische Beziehung, die mein Wohlergehen und meinen persönlichen Erfolg fördert?

- **Konflikte:** Mit welchen Menschen habe ich Konflikte, die mein Wohlergehen und meinen persönlichen Erfolg beeinträchtigen? Welche Einzelpersonen oder Gruppen lehnen mich aus welchen Gründen ab?

- **Positive Einflüsse:** Welche Gegenstände (Arbeitsmittel, Einrichtung, Werkzeuge, Geräte, ...) oder Umstände fördern meine Leistungsfähigkeit, meine Selbstentfaltung, meinen persönlichen Erfolg? Wie? Warum?

- **Negative Einflüsse:** Welche Gegenstände (Arbeitsmittel, Einrichtung, Werkzeuge, Geräte, ...) oder Umstände stören mich, meine Leistungsfähigkeit, meine Selbstentfaltung, meinen persönlichen Erfolg? Wie? Warum?

- **Stärken und Chancen:** Mit welchen Kenntnissen (was weiß ich?) und Fähigkeiten (was habe ich bereits mehrmals erfolgreich gemacht?) kann ich wem welchen Nutzen bieten? Wie?

- **Mängel:** Welche Kenntnisse und Fähigkeiten fehlen mir, um den gewünschten persönlichen Erfolg zu erreichen?

- **Wünsche 1:** Wenn ich mir alles wünschen dürfte: Welche Mängel, Nöte, Probleme, Gefahren und Schwierigkeiten würde ich in meinem Leben abstellen wollen? Erstellen Sie eine Liste und kennzeichnen Sie die drei Wünsche mit einer „1“, die Ihnen am meisten bedeuten und für die Sie sich außergewöhnlich engagieren möchten. Denken Sie dabei an materielle, mitmenschliche, Gesundheits-/Umwelt-Wünsche sowie an den Bereich Anerkennung.

- **Wünsche 2:** Wenn ich mir alles wünschen dürfte: Welches Glück, welche Freuden und Erfolge würde ich mir wünschen? Erstellen Sie eine Liste und kennzeichnen Sie die drei Wünsche mit einer „1“, die Ihnen am meisten bedeuten und für die Sie sich außergewöhnlich engagieren möchten. Denken Sie dabei an materielle, mitmenschliche, Gesundheits-/Umwelt-Wünsche sowie an den Bereich Anerkennung.

Auswertung

- **Konsequenzen der Chancen:** Welche Konsequenzen ziehe ich aus den dargestellten Stärken und Chancen? Kennzeichnen Sie die einzelnen Konsequenzen nach ihrer Bedeutung für Ihren Lebenslauf:

  1 = Konsequenzen, bei denen Sie am dringendsten und aussichtsreichsten aktiv werden müssen.

2 = Konsequenzen, bei denen Sie zwar dringend aktiv werden müssen, deren Realisierungschancen Ihnen aber ungünstig erscheinen.
3 = Konsequenzen, bei denen sich Aktivitäten ergeben, die Ihnen für ein lebenswertes Leben nicht unbedingt notwendig erscheinen, selbst wenn die Realisierungschancen günstig sind.

- **Konsequenzen der Mängel:** Welche Konsequenzen ziehe ich aus den dargestellten Problemen und Mängeln? Kennzeichnen Sie die einzelnen Konsequenzen nach ihrer Bedeutung für Ihren Lebenslauf:

1 = Konsequenzen, bei denen Sie am dringendsten und aussichtsreichsten aktiv werden müssen.
2 = Konsequenzen, bei denen Sie zwar dringend aktiv werden müssen, deren Realisierungschancen Ihnen aber ungünstig erscheinen.
3 = Konsequenzen, bei denen sich Aktivitäten ergeben, die Ihnen für ein lebenswertes Leben nicht unbedingt notwendig erscheinen, selbst wenn die Realisierungschancen günstig sind.

Zielplanung

- **Langfristige Karriereziele:** Bis zum Jahr .... setze ich mir beruflich folgende Ziele (Was wollen Sie am Ende Ihres Berufslebens erreicht haben? Denken Sie dabei an Aufgaben, Arbeitsumfeld, Anerkennung, Einkommen, ...): .....

- **Mittelfristige Karriereziele:** Bis zum Jahr .... setze ich mir folgende Ziele (Was wollen Sie in den nächsten fünf, sieben oder zehn Jahren erreicht haben? Denken Sie an Aufgaben, Arbeitsumfeld, Anerkennung, Einkommen, ...): .....

- **Kurzfristige Karriereziele:** Für das nächste Jahr .... setze ich mir beruflich folgende Ziele (Was wollen Sie am Ende des Jahres erreicht haben? Denken Sie an Aufgaben, Arbeitsumfeld, Anerkennung, Einkommen, ...): .....

Vorgehensplanung

Nach dieser Vorbereitung können Sie daran gehen, mit einer gezielten Vorgehensplanung aktiv an Ihrer Karriere zu arbeiten:

- Was müssen Sie im Einzelnen tun? Wen und was brauchen Sie hierzu? Wann sind welche Schritte sinnvoll/notwendig? Welche Zwischenziele wollen Sie bis wann erreicht haben? Wie reagieren Sie, wenn sich die Dinge nicht so entwickeln, wie Sie es geplant haben?

Wiederkehrende Aufgabe

Sehen Sie diese Analyse und die darauf aufbauenden Schritte als wiederkehrende Aufgabe an. Nach der ersten Bearbeitung sollten Sie Ihre Karriereplanung mindestens einmal im Jahr überarbeiten und aktualisieren.

Erfolgsbaustein 29: Liste der Erfolge

Nutzen Sie Ihre Erfolge als Quelle Ihrer Motivation

„Erfolgserlebnisse sind die Glückspillen der Leistungsgesellschaft."

(Helmar Nahr)

Erfolg ist das Erreichen der eigenen Ziele. Also eine Leistung, auf die Sie stolz sein können. Denn Sie haben Durchhaltevermögen bewiesen. Ausdauer und Selbstdisziplin. Verstehen Sie jedes erreichte Ziel deshalb auch als einen Sieg über den inneren Schweinehund, der unermüdlich versucht, Sie zu bremsen und zu stoppen.

Genießen Sie jedes Ziel, das Sie durch eigenes Tun erreicht haben

Nehmen Sie diesen Sieg und Ihre Erfolge nicht einfach hin. Genießen Sie jedes Ziel, das Sie durch zielgerichtetes Planen und Handeln selbst erreicht haben. Feiern Sie jeden Erfolg, den Sie mit eigener Kraft geschafft haben. Und belohnen Sie sich: Erfüllen Sie sich einen lang gehegten Wunsch, machen Sie sich eine Freude. So prägen Sie Ihr Unterbewusstsein auf höchst angenehme Weise und erhöhen gleichzeitig Ihre Erfolgsfähigkeit.

Erfolge haben lang anhaltende Wirkung: Sie geben Kraft. Und sie zeigen Ihnen, wo Sie auch künftig erfolgreich sein können. Machen Sie sich deshalb bewusst, wie und warum Sie diese Erfolge erreicht haben. Das gibt Ihnen Anhaltspunkte für künftiges Planen und Handeln – Sie finden Ihre persönliche Erfolgsstrategie.

Am besten führen Sie eine Liste Ihrer Erfolge: Halten Sie es sich schriftlich fest, wenn Ihnen etwas besonders gut gelungen ist. Wenn Sie etwa für Planungen, Entscheidungen oder Aktivitäten besonderes Lob geerntet, außergewöhnliche Anerkennung erhalten haben.

Halten Sie es schriftlich fest, wenn Ihnen etwas besonders gut gelungen ist

Dokumentieren Sie in Ihrer „Liste der Erfolge" aber auch, wie Sie diese Ergebnisse erreicht haben: Was waren die ausschlaggebenden Kriterien für das gute Gelingen? Was können Sie daraus lernen? Legen Sie dazugehörige Unterlagen (Dankschreiben, Kundenreferenzen, Bilanzen, Veröffentlichungen in den Medien...) dahinter ab.

Am besten wählen Sie sich für die Niederschrift der gelungenen Höhepunkte Ihres Lebens ein besonders wertvolles Buch, einen besonders schmuckvollen Ordner. Das steigert die emotionale Wirkung Ihrer persönlichen Erfolgssammlung noch mehr.

Nehmen Sie sich diese Aufzeichnungen immer mal wieder vor. Sie werden Ihnen unzählige Anregungen für künftige Ziele und Aktionen vermitteln. Sie werden Ihnen darüber hinaus Selbstvertrauen schenken und Ihre Motivation für künftige Herausforderungen entscheidend fördern.

Nutzen Sie diese Liste Ihrer Erfolge schließlich auch zur Stimmungspflege: Blättern Sie in dieser Sammlung, wenn Sie mal nicht so gut drauf sind. Sie werden sehen: Ihre Laune wird garantiert besser.

Liste der Erfolge fördert Selbstvertrauen, Motivation und gute Laune

Erfolgsbaustein 30: Stimmungsmanagement

Mit guter Laune gelingen gute Leistungen

„Wer schaffen will, muss fröhlich sein."

(Theodor Fontane)

Siege entstehen im Kopf – Niederlagen auch

Gute Pläne gelingen nur in guter Stimmung. Und auch gute Leistungen sind nur möglich, wenn die persönliche Stimmung passt. „Siege entstehen im Kopf", wissen erfolgreiche Sportler. Niederlagen auch, wie enttäuschte Athleten immer wieder in Interviews erklären: „Körperlich habe ich mich ja eigentlich topfit gefühlt – aber ich war heute mental einfach nicht so gut drauf!"

In guter Stimmung sind wir in Hochform

Was Sportler spüren, haben Wissenschaftler zur Genüge untersucht: Physische wie psychische Kräfte (Ausdauer, Überzeugungskraft, Kreativität ...) sind Erfolgsfaktoren, deren Verfügbarkeit und Intensität durch die persönliche Stimmung bestimmt wird – eine Erkenntnis, die sicher auch Sie aus persönlicher Erfahrung bestätigen können: Wenn es uns in irgendeiner Weise schlecht geht, können wir keine optimale Leistung bringen. In guter Laune hingegen sind Denkleistung, Schaffenskraft und Ausstrahlung in Hochform.

Wahre Motivation kommt von innen

Nun kann man sich leider eine gute, erfreuliche Stimmung nicht einfach einreden, auch wenn manche Motivationstrainer dies glauben machen wollen. Die von außen wirkende (= extrinsische) Motivation hat neben der beschränkten Funktionstüchtigkeit vor allem ein sehr begrenztes Haltbarkeitsdatum. Sie lässt in ihrer Wirkung schnell nach. Psychofitness-Trainings mit heißer Musik, mitreißender Show, prickelnden Mutproben und beschwörenden Urschreien – das kann sicherlich eine Zeit lang begeistern und motivieren. Es kann Zauderer zu Akteuren machen, Verzagte zu Mutigen, Unsichere zu Selbstbewussten.

Extrinsische Motivation hat nur eine begrenzte Haltbarkeit

Doch nach den ersten Negativerfahrungen und Rückschlägen weicht die extrinsische Motivation leicht wieder dem Zustand vor dem Psychotraining – wenn nicht schon nach einigen wenigen ernüchternden (Arbeits-)Tagen.

Eine dauerhaft starke Kraft der guten Stimmung kann nur aus dem eigenen Ich heraus kommen. Aus der bewussten Erkenntnis beispielsweise, dass es probate Techniken sowie handfeste Mittel und Wege gibt, die eigenen Ziele zu erreichen. Diese aus einem selbst kommende (= intrinsische) Motivation ist daher weitaus widerstandsfähiger und beständiger als die extrinsische Begeisterung, die durch Mitklatschen, Scherbenlauf oder kollektiven Schlachtruf erzeugt wird.

Dauerhaft starke Kraft muss von innen heraus wirken

Wenn Sie Ihr Leben nach der in diesem Buch vorgestellten Planungstechnik gestalten, spüren

Sie schon nach kurzer Zeit die von innen wirkende Kraft. Was vorher als Vision oder Ziel unerreichbar schien, rückt durch die methodische Planungsarbeit, durch das Denken und Planen in überschaubaren Etappen, plötzlich in greifbare Nähe: Sie sehen den Weg durch das Dickicht, erkennen die Treppenstufen, die Sie Schritt für Schritt Ihrem Ziel näher bringen. Erreichte Zwischenziele verstärken Begeisterung und Zuversicht und motivieren Sie, den Weg konsequent zu verfolgen. In schwierigen Situationen geben Ihnen die bisherigen Erfolgserlebnisse, die lockenden Ziele sowie die Erkenntnis und Überzeugung, dass sie erreichbar sind, Kraft und Durchhaltevermögen.

Intrinsische Motivation mobilisiert alle Leistungskräfte

Das ist wirklich wirksame, intrinsische Motivation, die alle Ihre Leistungskräfte intensiv und nachhaltig mobilisiert. Belastbar und dauerhaft, verkraftet sie auch Negativerfahrungen und Rückschläge.

Schlechte Stimmung steckt an – gute auch

Die Wirkung der intrinsischen Motivation können Sie unterstützen, indem Sie bewusst und systematisch an Ihrer persönlichen Stimmung arbeiten (siehe hierzu die folgenden „Anregungen zum Stimmungsmanagement"). Mit Ihrer Ausstrahlung nehmen Sie nämlich entscheidenden Einfluss auf die Stimmung, Schaffensfreude und Leistungsfähigkeit um Sie herum. Denn schlechte Stimmung steckt an – gute auch. Diese Wechselwirkung ist für Ihren privaten wie beruflichen Erfolg wichtig: Wenn Sie es schaffen, positive Impulse zu geben, werden auch

Mit Ihrer Ausstrahlung beeinflussen Sie die Stimmung Ihres Umfeldes

positive Ergebnisse zurückkommen. Als Führungspersönlichkeit können Sie damit die Leistung der Männer und Frauen, die zusammen mit Ihnen am Unternehmenserfolg arbeiten, maßgeblich beeinflussen.

Je mehr Kontakt mit Menschen Sie haben, ob mit Kunden, Kollegen oder privaten Partnern, umso mehr sollten Sie darauf achten, dass Sie sich selbst immer wieder in möglichst gute Stimmung bringen. Das mag manchmal schwierig sein, wenn es einfach nicht so läuft, wie es soll, wenn sich die unerledigten Aufgaben türmen, wenn Sie in den Gesichtern um sich herum nur heruntergezogene Mundwinkel erblicken, wenn von allen Seiten Schwierigkeiten und Probleme winken ... Aber: Der Kunde erwartet, dass Sie freundlich, liebenswürdig, aufmerksam, zuvorkommend, gut gelaunt sind – ganz gleich, ob Sie schlecht geschlafen haben, ob Sie heute Morgen nach einem Ehestreit ins Geschäft gekommen sind, ob Sie Kopfschmerzen haben oder ob Ihnen eine wie auch immer geartete Laus über die Leber gelaufen ist.

Der Kunde erwartet, dass Sie freundlich, aufmerksam und gut gelaunt sind

Kennen Sie Ihre „Gute-Laune-Macher"?

Machen Sie sich deshalb einmal klar, wer und was Sie in gute Stimmung bringt. Am besten schreiben Sie sich eine „Hitliste der Gute-Laune-Macher". Nutzen Sie diese positiven Einflüsse ganz bewusst als Ihre persönlichen Kraftquellen, die Sie auf Ihrem Erfolgsweg immer wieder mobilisieren, stimulieren und voranbringen.

Nutzen Sie positive Einflussfaktoren bewusst als persönliche Kraftquellen

Anregungen zum Stimmungsmanagement:

Gestalten Sie Ihre Stimmung sehr bewusst

Ihre Stimmung ist nicht nur ein Element, das Ihrem eigenen Wohlbefinden gut tun kann. Sie beeinflusst auch andere Menschen in erheblichem Maße. Deshalb sollten Sie bewusst daran arbeiten, möglichst oft in möglichst guter Stimmung zu sein und diese auch auf Ihr Umfeld auszustrahlen.

Mit einem „Vorgehensplan zur Stimmungspflege" stellen Sie die Weichen für Ihr künftiges Handeln. Analysieren Sie hierzu schriftlich den Ist-Zustand und planen Sie dann, wie es künftig laufen soll.

Wie gestalte ich meine Stimmungspflege zurzeit?

- Was beeinflusst meine Stimmung negativ? Was positiv?
- Mit welchen Menschen habe ich schlechten Kontakt? Mit welchen eher guten?
- Wie verhalte ich mich konkret in negativen beziehungsweise positiven Stimmungen?
- Welche Auswirkungen hat dies auf mein Umfeld (Geschäftspartner, Mitarbeiterinnen/Mitarbeiter, Kollegen, Kunden, Freunde, Familie, ...)?
- Wie fühle ich mich selbst in schlechter beziehungsweise guter Stimmung? Bin ich gegenüber Herausforderungen und anstehenden Aufgaben in schlechter Stimmung eher skeptisch und vorsichtig? In guter Stimmung eher aufgeschlossen und beherzt?
- Wie begegnen mir andere Menschen (Geschäftspartner, Mitarbeiterinnen/Mitarbeiter, Kollegen, Kunden, Freunde, Familie, ...), wenn ich negative Stimmung habe? Und wie, wenn ich gut gelaunt bin?

- Welche Möglichkeiten habe ich/kenne ich/habe ich bisher schon genutzt, um meine Stimmung kurzfristig zu verändern?

Wie kann ich meine Stimmung künftig bewusster steuern?

- Wie werde ich mich meinen Geschäftspartnern, Mitarbeiterinnen/Mitarbeitern, Kollegen, Kunden, Freunden, Familienangehörigen, ... gegenüber künftig verhalten? Für welche Situationen soll das gelten?
- Welche Faktoren (Musik, Kunst, Literatur, Menschen, Natur, Sport, Hobbys, ...) beeinflussen meine Stimmung positiv? Wie werde ich diese Faktoren künftig noch bewusster und intensiver als bisher für die Pflege meiner Stimmung einsetzen?
- Gibt es Vorbilder, deren Stimmung und Ausstrahlung ich besonders schätze? Wie werde ich mich künftig verhalten, um selbst diese Wirkung bei anderen zu erreichen?
- Welche positiven Auswirkungen werde ich bis wann mit der bewussten Änderung meiner Stimmung erreicht haben? Gibt es etwas/jemanden, das/der mich davon abhalten könnte?
- Was tue ich konkret wann/bis zu welchem Termin?

Erfolgsbaustein 31: Beziehungsmanagement

Auch Kontaktpflege lässt sich systematisch planen

„Der Schlüssel zum Erfolg sind nicht Informationen, sondern Menschen."

(Lee Iacocca)

Erfolgsmenschen sind meist sehr gute Kontakter

Einer der zentralen Erfolgsfaktoren im menschlichen Leben sind mitmenschliche Beziehungen. Erfolgsmenschen, ob in der Wirtschaft, in der Politik, im Showgeschäft oder generell in ihrer gesamten Lebensbewältigung, sind denn auch meist sehr gute Kontakter. Ihnen fällt es leicht, Menschen für sich zu gewinnen, die für den Erfolg ihrer Ziele von Bedeutung sind. Ihre vielfältigen persönlichen Beziehungen pflegen sie intensiv und sehr gezielt. Und immer unter dem Aspekt des Nutzenbietens: Wer anderen hilft, dem wird geholfen.

„Der isolierte Mensch kommt nicht ans Ziel"

Wer die Gabe hat, mit anderen Menschen eine persönliche Beziehung aufzubauen, hat es leichter im Leben. Denn die wenigsten Herausforderungen sind ganz alleine zu schaffen. Meist braucht es Mitstreiter, Unterstützer, Förderer, Freunde. „Der isolierte Mensch kommt nicht ans Ziel", erkannte schon Goethe.

Überlassen Sie Freunde nicht dem Zufall

Auch diese wertvollen mitmenschlichen Beziehungen lassen sich systematisch planen und gestalten. Das macht durchaus Sinn. Denn wer in der vagen Hoffnung auf Förderung und Unterstützung wahllos „Freundschaften“ schließt, wird es schwer haben, in der Vielzahl seiner Kontakte die wenigen herauszufinden, die ihn in seinem Leben tatsächlich voranbringen können. Auch wer passiv auf die richtigen Beziehungen und Partner wartet, wird in den seltensten Fällen mit dieser Strategie Erfolg haben.

Suchen Sie Menschen, denen Sie etwas bieten können und die für Sie wertvoll sein können

Der einzig Erfolg versprechende Weg: Suchen Sie sich aktiv und gezielt Menschen, denen Sie etwas bieten können und die für Sie wertvoll sein können (siehe „Anregungen zum Beziehungsmanagement“ auf der nächsten Seite). Seien Sie vor allem auch bereit, zu geben, was Ihnen zur Verfügung steht. Machen Sie sich damit wertvoll für die „umworbenen“ Partner. Diese werden das erkennen und mit Ihnen in Kontakt treten.

Ohne Herz ist keine Freundschaft möglich

Bitte berücksichtigen Sie einen ganz entscheidenden Punkt: Beziehungen und Freundschaften lassen sich zwar planen. Aber sehen Sie die Kontakte nicht nur unter diesem funktionalen Aspekt. Wenn die persönliche Ebene fehlt, wird eine Beziehung nie erfolgreich sein. Ohne Herz ist keine Freundschaft möglich. Auch nicht mit einer noch so ausgefeilten Planung.

Setzen Sie auf den persönlichen Kontakt

Fast scheint es so, dass wir den persönlichen Kontakt heutzutage gar nicht mehr brauchen.

Anregungen zum Beziehungsmanagement:

Suchen Sie gezielt nach den richtigen Menschen

Um Beziehungen oder Freundschaften systematisch zu planen, beantworten Sie sich zunächst beispielsweise folgende Analysefragen:

- Welche Menschen sind mir sympathisch, welche sind meine Freunde? (Erstellen Sie eine Liste, die Sie in den nächsten Tagen noch ergänzen.)
- Welche Menschen würde ich gerne kennen lernen? Wie kann ich das erreichen?
- Welche Menschen sind für meinen persönlichen und/oder beruflichen Erfolg wichtig? Wer kann mich – in welcher Form – fördern und voranbringen?
- Welche Eigenschaften und Qualitäten schätze ich an den Menschen, die für mich und meine Ziele wichtig sind?
- Welche Eigenschaften und Qualitäten fehlen mir, um für diese Menschen ein interessanter und wertvoller Partner zu werden/sein?
- Welche Eigenschaften und Qualitäten besitze ich, die für andere Menschen ein Wert sind?
- Wie kann ich damit welchen Nutzen bieten? Wie kann ich anderen Menschen helfen, sie fördern und auf dem Weg zu ihren persönlichen Zielen voranbringen, ihnen Freude bereiten?

Mit dieser Analyse können Sie daran gehen, Beziehungen systematisch aufzubauen und gezielt zu pflegen: Was werden Sie im Einzelnen konkret tun, um die für Sie wichtigen Kontakte auch tatsächlich herzustellen. Denken Sie dabei bitte immer an die Ausgewogenheit der Partnerschaft: Wer fördert, wird gefördert. Wer viel gibt, wird viel bekommen.

Handy, SMS, E-Mail, Online-Chat – die Versuchung, nur über ein elektronisches Medium mit unserer Umwelt zu kommunizieren, ist sehr groß. Und wird auch höchst intensiv genützt.

Elektronische Kontaktpflege hat viele positive Aspekte und macht auch sehr viel mehr Kommunikation unter den Menschen möglich. Doch diesem technischen, unpersönlichen In-Beziehung-Treten mit anderen Menschen fehlt eine überaus wichtige Komponente: die zwischenmenschliche. In der Psychologie gibt es umfangreiche Forschungen, die belegen, dass der persönliche, direkte Kontakt von Auge zu Auge, ja auch von Hand zu Hand, sehr viel wirksamer ist als die Beziehungsaufnahme über ein gedrucktes oder elektronisches Medium.

Elektronischer Kommunikation fehlt die zwischenmenschliche Komponente

Und auch Mimik, Gestik und andere Impulse der Körpersprache verstärken den persönlichen Dialog, unterstützen das Gesagte wie das Verstehen. Bei der technischen Kommunikation fehlen diese wichtigen Bestandteile gänzlich – wenn man einmal von den so genannten Emoticons, den aus Satzzeichen erzeugten Symbolen in E-Mail oder SMS, absieht.

Die emotionale Intelligenz wurde besonders in den vergangenen Jahren als entscheidende Erfolgsvoraussetzung erkannt und wissenschaftlich analysiert. Der mit diesem Thema sehr erfolgreiche amerikanische Autor Daniel Goleman hat die Kontaktfähigkeit als eine der zentralen menschlichen Fähigkeiten herausgestellt: Emotionale Intelligenz beinhaltet Einfühlungsvermögen in andere Menschen und sprachliche Interaktion.

Daniel Goleman beschreibt in seinen Büchern, dass dieses Einfühlungsvermögen nur in persönlichen Beziehungen von Mensch zu Mensch möglich ist, in denen Ausdrucksweisen und Verhaltensweisen eine Rolle spielen, die in elektronischen Medien nicht übermittelt werden.

Denn starke Persönlichkeitsausstrahlung ist eng verknüpft mit der Fähigkeit, persönliche Kontakte zu anderen Menschen erfolgreich aufzunehmen und auf Dauer zu pflegen und erfolgreich zu halten.

Wählen Sie für Ihre Kommunikation möglichst den persönlichen Kontakt

Berücksichtigen Sie diese Erkenntnisse, wenn Sie wirkungsvoll und erfolgreich kommunizieren wollen. Wählen Sie möglichst den direkten Kontakt, wann immer Sie Menschen überzeugen und für sich gewinnen möchten.

Arbeiten Sie an Ihrer Kontaktfähigkeit

Für manche Menschen bedeutet dies eine gewisse Überwindung. Doch die Scheu, auf andere zuzugehen, lässt sich überwinden, Kontaktfähigkeit lässt sich gezielt und systematisch trainieren. Die Technik des HelfRecht-Systems ist auch hierbei eine große Hilfe: Schwächen analysieren und Lösungswege festlegen.

Überlegen Sie also (bitte wiederum schriftlich), in welchen Situationen Sie sich unwohl und unsicher fühlen. Woran liegt das? Sind es die Personen? Die Themen? Welche anderen Ursachen? Wie äußert sich Ihre Unsicherheit? Haben Sie schon einmal ausprobiert, Ihre Kontaktfähigkeit zu verbessern – wenn ja, mit welchem Ergebnis? Fragen Sie eventuell auch Personen Ihres Vertrauens, wie diese Sie in Gesprächen erleben. Nicht selten nämlich ist die eigene Einschätzung weitaus kritischer und negativer als die Fremdbeurteilung.

Nach dieser Analyse beschreiben Sie die Positivsituation: Wie wären Sie gerne? Wie sollte Ihre Kontakt- und Kommunikationsfähigkeit beschaffen sein, damit Sie Ihre privaten und beruflichen Lebensziele erreichen können?

Kommunikationsfähigkeit lässt sich systematisch trainieren und verbessern

Der dritte Schritt ist dann wieder die Vorgehensplanung: Was müssen Sie tun, um in Sachen Kontakt- und Kommunikationsfähigkeit spürbar besser und wirkungsvoller zu werden? Wen und was brauchen Sie dazu? Mit welchen Kosten ist das Ganze verbunden? Welche einzelnen Maßnahmen werden Sie bis wann erledigen oder veranlassen?

Was müssen Sie tun – und bis wann werden Sie es tun?

Und dann schließlich geht es mit Begeisterung und Konsequenz in die Umsetzung des Planes!

Erfolgsbaustein 32: Ideenmanagement

Kreativität hält sich nicht an Bürozeiten und Schreibtisch

> *„Die besten Gedanken kommen uns, wenn wir nicht bloß denken."*
>
> (Hans Lohberger)

Planen lebt von Kreativität und guten Einfällen

Planen braucht Kreativität, lebt von guten Einfällen. Manchmal aber ist es wie verhext: Stundenlang, tagelang brütet man hochkonzentriert über der Lösung für ein Problem, für eine private oder berufliche Aufgabe, für eine außergewöhnliche Herausforderung. Vergeblich.

Lange Zeit später, wenn man sich schon gar nicht mehr mit dem Thema beschäftigt, weht auf einmal der unzuverlässige Geist der Kreativität heran und präsentiert die eigentlich selbstverständliche Lösung. Vor dem inneren Auge entwickelt sich in reinster Klarheit der Weg zum Ziel. Ein unerwarteter Geistesblitz, der im Grunde so offensichtlich ist – warum nur ist man beim langen Nachdenken nicht selbst darauf gekommen?

Ideen sind unberechenbar und flüchtig

Kreativität hält sich nicht an Bürozeiten und Schreibtisch: Die guten Ideen, die ein Unternehmen voranbringen, entstehen meist nicht am eigenen Arbeitsplatz, sondern überwiegend außerhalb der Firmenmauern – beim Wandern, Joggen, Faulenzen, Frühstücken, im Konzert oder zu anderen Gelegenheiten, wenn das Gehirn zur Ruhe kommt.

Gute Gedanken sind aber nicht nur unzuverlässig im Erscheinen. Sie sind auch äußerst flüchtig: Kaum gekommen, schon wieder auf Nimmerwiedersehen verschwunden. „Nur gemerkt" ist deshalb gefährlich. 90 Prozent aller guten Ideen und Gedanken gehen unwiederbringlich verloren, wenn wir sie nicht aufschreiben (oder sofort umsetzen). Der berühmte Knoten im Taschentuch ist meist auch keine Lösung.

Seien Sie stets schreibbereit

Deshalb sollten Sie für die kreative Denkarbeit immer und überall etwas zum Schreiben dabei haben. So können Sie Ihre guten Ideen dann festhalten, wenn sie kommen beziehungsweise noch frisch und vor Ihrem inneren Auge präsent sind.

Halten Sie Ihre guten Ideen sofort schriftlich fest

Im Notfall hilft zwar auch Improvisieren: Schon so manche Produktinnovation, so manches Erfolgskonzept und so manche Unternehmensstrategie fanden ihren Ursprung auf einer Papierserviette oder gar einem Bierdeckel. Besser ist es natürlich, wenn Sie Ihren Terminkalender oder Ihren Planer mit Terminen und den wichtigsten Informationen stets dabei haben – nicht nur am Schreibtisch, in Besprechungen oder auf Geschäftsreisen, sondern ebenso in Ihrer Freizeit. So können Sie überall und jederzeit Vereinbarungen, Termine oder Zusagen abstimmen, so können Sie spontane Ideen und gute Anregungen zu Ihren wichtigsten Aufgaben und Projekten sofort notieren und eventuell gleich zuordnen.

Notieren Sie sich Ideen, Anregungen und Informationen

Halten Sie Geistesblitze oder Anregungen möglichst sofort an Ort und Stelle fest: Ganz gleich, wo Sie sind, beim Spazieren gehen, beim Candlelight-Dinner, am Stammtisch oder im Konzert, wann immer Ihnen ein guter Gedanke kommt, sollten Sie ihn – zumindest stichpunktartig – aufschreiben. Unterhaltungen, Bücher und Zeitschriften, Konferenzen oder Vorträge sind ergiebige Ideen-Quellen. Scheuen Sie sich nicht, selbst mitten im Gespräch gute Gedanken, Anregungen und Impulse zu notieren. Ihr Gesprächspartner wird dafür nicht nur Verständnis haben – er wird Sie gerade wegen dieses Zeichens Ihrer systematischen Vorgehensweise und Ernsthaftigkeit schätzen.

Nutzen Sie Wartezeiten für kreative Arbeit

Unproduktive Leerlaufzeiten werden zur kreativen Arbeitszeit

Wenn Sie Ihren Planer mit Terminen sowie den wichtigen Aufgaben und Projekten stets bei sich haben, können Sie jederzeit an Ihren Plänen arbeiten. Selbst unvorhergesehene Wartezeiten – beim Arzt, im Stau auf der Autobahn, am Flughafen ... – werden zur kreativen Arbeitszeit: Wann immer Sie einige Minuten zur freien Verfügung haben, können Sie sich mit Ihren wesentlichen Aufgaben und aktuellen Planungen beschäftigen. Vielleicht finden Sie gerade in einer solchen Phase eine großartige Lösung. Denn, wie gesagt: Die meisten guten Ideen kommen abseits des Arbeitsplatzes.

Wecken Sie Ihre Kreativität mit W-Fragen

Bringen Sie den Fluss Ihrer Ideen systematisch zum Strömen

Wenn Ihnen bei der Suche nach guten Lösungen gar keine Ideen kommen mögen, können Sie Ihre Kreativität aktiv anregen. Beispielsweise mit gezielten W-Fragen: wer, was, wie, wo, wann, warum, wodurch, womit, welche(r/s) ...

Fragen Sie also beispielsweise:

1. Wo liegt das Problem? Wie ist es zu bewerten? Wodurch wurde es verursacht? Warum muss es gelöst werden? Was passiert, wenn wir hier bleiben?

2. Wo wollen wir hin? Wie sollte die Situation idealerweise sein? Was bringt diese Veränderung?

3. Wie lässt sich das Problem lösen? Welche Maßnahmen/Einzelschritte sind nötig? Welche Menschen und welche Ausrüstung brauchen wir? Was müssen wir wann tun?

W-Fragen können Ihnen helfen, Ihre Kreativität systematisch anzuregen und dadurch zu guten Lösungen zu kommen. Diese Technik lässt sich auch hervorragend mit dem Sternplan kombinieren (siehe „Erfolgsbaustein 33: Ideensammlung“).

Praxistipps zum Ideenmanagement:

Machen Sie Ihren Planer zum Kreativ-Manager

Gute Ideen oder Anregungen sofort zu notieren, ist eine Voraussetzung für erfolgreiches Umsetzen dieser Impulse. Wichtig ist aber auch, sie systematisch weiter zu verarbeiten.

▷ Wenn Ihr Planer eine Ringmechanik hat, können Sie die Notizblätter gleich bei den entsprechenden Terminen oder Unterlagen einlegen. Das erspart Ihnen späteres Übertragen der Aufzeichnungen.

▷ Notieren Sie deshalb jede Idee auf einem separaten Blatt, geben Sie ihr ein prägnantes Stichwort und sammeln Sie alle Notizen, die Sie noch nicht einem konkreten Projekt oder Termin zuordnen können, in einem alphabetischen Register in Ihrem Planer.

▷ Ordnen Sie Ihre kreativen Ideen: Nicht jeder gute Gedanke lässt sich sofort verwerten. Manchmal sind die Einfälle oder Anregungen nur rohe Bruchstücke, die erst noch geschliffen, mit anderen Gedankensplittern kombiniert, mit zusätzlichen Informationen angereichert und vervollkommnet werden müssen.

▷ Gehen Sie Ihren Kreativitätspool regelmäßig durch, ergänzen Sie die Aufzeichnungen um neue Gedanken und Informationen. Prüfen Sie, ob Sie die jeweilige Idee inzwischen einem bestimmten Tag oder Projekt zuordnen können – so entlasten Sie Ihre Ideensammlung.

▷ So wird aus Ihrem Planer automatisch mehr als nur ein Arbeitsmittel, um Termine einzuhalten: Er hilft Ihnen als ständiger Begleiter, jeden Tag einen Schritt zu Ihren persönlichen Zielen voranzukommen.

▷ Für manche Informationen bietet es sich an, sie auf demselben Blatt festzuhalten. Beispielsweise Internet-Adressen, die Ihnen empfohlen werden. Oder Bücher, die Sie sich demnächst mal besorgen wollen. So haben Sie kompakt beieinander, was Sie mit einem Mal erledigen können. Sinnvoll ist es, wenn Sie beim Eintragen nicht nur www-Adresse oder Buchtitel notieren, sondern jeweils noch ein erläuterndes Stichwort, damit Sie auch später noch wissen, welcher Quelle Sie diese Information verdanken und warum Sie sich diese Internet-Seiten oder diese Literatur ansehen wollten.

▷ Entlasten Sie Ihren Planer regelmäßig, lagern Sie die noch nicht zugeordneten Ideenblätter in einem „Wissensordner", in einer Hängeregistratur oder in einer anderen Ablage aus. So schaffen Sie sich Ihre individuelle „Kreativ-Datenbank".

Erfolgsbaustein 33: Ideensammlung

Der Sternplan hilft, Kreativität zu strukturieren

> *„Ein Gedanke kann nicht erwachen, ohne andere zu wecken."*
>
> (Marie von Ebner-Eschenbach)

Vielfalt von Gedanken führt zum Erfolg

Ausschlaggebend für große Erfolge ist meist nicht eine einzige „tolle Idee", sondern eine Vielfalt von Gedanken, die in einem Plan systematisch aufbereitet werden. Aus sprudelnder Kreativität wird so ein Handlungs-Fahrplan, der die richtigen Schritte in der richtigen Reihenfolge und im richtigen Zeitablauf darstellt.

Strukturiertes Denken fällt nicht jedem leicht

Die Ideenflut gehört also aufs Papier. Doch wer im Alltag kaum schreiben muss, tut sich manchmal etwas schwer mit schriftlicher Planung. Auch besonders kreativen Menschen geht es so: Ihr Kopf ist zwar voller toller Ideen – doch sie schaffen es häufig nicht, die sprudelnden Gedanken systematisch zu kanalisieren und mit ihnen den Weg zu ihren Zielen zu beschreiben.

Einstiegshilfe ins schriftliche Denken

Man kann das Planen natürlich lernen – dieses Buch will Ihnen ja dabei helfen. Man kann das Planen aber auch vorbereiten mit einer ganz einfachen, aber ungemein hilfreichen Einstiegshilfe ins „schriftliche Denken“: mit dem von HelfRecht entwickelten Sternplan (Abbildung).

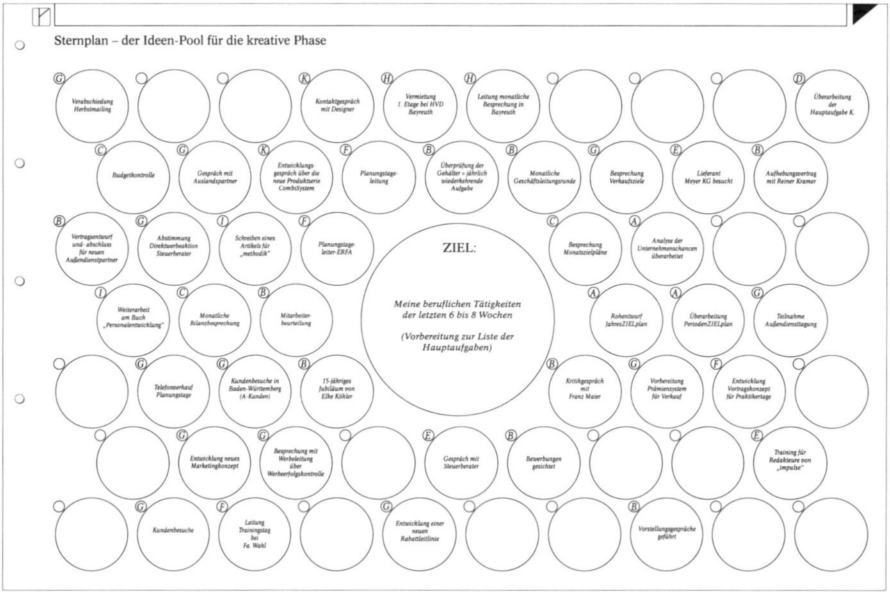

Dieser Sternplan ermöglicht Ideensammlung und Planung auf einem einzigen Formblatt: Zunächst wird wahllos und kunterbunt das Ideen-Wirrwarr niedergeschrieben. Ohne Form und Gliederung – dies kommt erst im zweiten Schritt, wenn auf demselben Papier die kreativen Impulse systematisch und lösungsorientiert geordnet werden.

Ideensammlung und Planung auf einem Blatt

Der Sternplan ist eine Art Brainwriting. Allerdings nicht wie beim MindMapping, das voraussetzt, dass Sie zusammengehörende Ideen und Gedankengänge auf dem Papier oder Bildschirm sofort zuordnen und strukturieren. Der Sternplan ist eher wie eine Zettelwirtschaft ohne Zettel – und deshalb viel übersichtlicher.

Übersichtliche Zettelwirtschaft ohne Zettel

Ideensammlung als Einstieg in die Projektplanung

Die Ideensammlung mit dem Sternplan kann Ihnen den Einstieg in eine gründliche Projektplanung ungemein erleichtern. Hervorragend eignet sie sich auch zum Vorbereiten von

- ☐ Texten, die Sie schreiben wollen
- ☐ Gesprächen oder Besprechungsrunden
- ☐ Präsentationen, Reden und Vorträgen
- ☐ Veranstaltungen jeder Art
- ☐ Messen und Ausstellungen
- ☐ ...

Lassen Sie Ihren Gedanken freien Lauf

Schreiben Sie ungeordnet auf, was Ihnen zum Thema einfällt

Schreiben Sie in den großen Kreis in der Blattmitte (die „Sonne" als Zentrum Ihrer Kreativität) das Thema, mit dem Sie sich gedanklich beschäftigen wollen. Ein Ziel, ein Problem, eine Aufgabe, ein Projekt oder was auch immer. Und dann lassen Sie Ihren Gedanken freien Lauf. Schreiben Sie alles auf, was Ihnen einfällt. Jede neue Idee in einen eigenen Kreis (die „Sterne", die um das Thema in der Sonne kreisen). Machen Sie sich dabei noch keine Gedanken um Zuordnungen und Zusammenhänge. Legen Sie den Sternplan zur Seite, sobald das Sprudeln der Kreativität nachlässt. Nehmen Sie ihn sich nach ein bis zwei Tagen „Reifezeit" erneut vor und ergänzen Sie Ihre Aufzeichnungen.

Ordnen Sie Ihre Ideen in fünf bis acht Hauptaufgaben

Jetzt geht es ans Strukturieren: Gliedern Sie Ihr Thema („Sonne") in fünf bis acht Hauptpunkte, die Sie mit Großbuchstaben oder Zahlen kennzeichnen. Ordnen Sie Ihre Ideen dem jeweils passenden Hauptpunkt zu, indem Sie jede Idee

(„Stern“) im kleinen Kreis („Mond“) mit dem dazu gehörigen Buchstaben markieren.

Probieren Sie dieses Kreativspiel doch einfach mal aus.*

Wenn Sie mit dem Sternplan beispielsweise eine Besprechung vorbereiten, könnten Sie dies etwa so gliedern:

Besprechung vorbereiten

A: Um was geht´s bei der Besprechung?
B: Was soll erreicht werden?
C: Wer soll/muss warum dabei sein?
D: Was muss ich beim Vorbereiten beachten?
E: Meine Argumente im Gespräch?
F: Mögliche Argumente der Gegenseite?
G: …

Bei einer Problemanalyse könnte die Struktur folgendermaßen aussehen:

Problem analysieren

A: Wie äußert sich das Problem?
B: Was führte zu dieser Situation?
C: Wer ist vom Problem wie betroffen?
D: Warum muss es beseitigt werden?
E: Ideen zur Problemlösung
F: …

In manchen Fällen reicht diese Gliederung schon aus, um eine Aufgabe direkt zu bearbeiten beziehungsweise um zumindest einiges davon zu erledigen. Meist ist es jedoch sinnvoller, auf der Grundlage des Sternplans eine intensivere Planung aufzubauen.

*Original-Formblätter können Sie bei uns bestellen.
(Anruf genügt: 00 49 (0) 92 32/60 12 51).

Erfolgsbaustein 34: Wissensmanagement

„Selektives Wissen" bringt Sie nach vorne

„Denken ohne Wissen macht den Zufall zum Herrscher."

(Werner Vollath)

Grundvoraussetzung für die meisten Pläne und Entscheidungen ist zunächst einmal Wissen. Das allerdings ist in der heutigen Informationsgesellschaft nahezu unendlich. Für Sie als Führungskraft heißt deshalb die Devise: selektives Wissen. Nur die Informationen suchen, aufnehmen und verarbeiten, die Sie und Ihr Unternehmen wirklich voranbringen.

Informationen ganz gezielt suchen und verarbeiten

Um beurteilen zu können, welches Wissen für Sie wertvoll ist, müssen Sie zunächst einmal Ihre Situation und Ihr jetziges Know-how analysieren:

- ☐ Wo liegen **Ihre persönlichen Stärken** und Begabungen? Was machen Sie gerne und gut? Mit welchen Ihrer Fähigkeiten bieten Sie welchen Menschen besten Nutzen? Wo liegen Ihre Grenzen, wo haben Sie Defizite im Wissen oder Können?
- ☐ Wo liegen die **Stärken Ihres Unternehmens?** Was können Sie besser als die Mitbewerber?

In welchen Marktsegmenten sind Sie besonders erfolgreich, welche Nischen decken Sie exklusiv ab? Welches Spezial-Know-how ist in Ihrem Betrieb vorhanden? Wo liegen Ihre Defizite in Wissen oder Know-how? Wo sind Sie schwächer als die Konkurrenz?

- ☐ Wie sehen die **mittel- und langfristigen Ziele für Sie persönlich und für Ihr Unternehmen** aus? Was wollen Sie in fünf bis zehn Jahren erreicht haben, was in einem größeren Zeitraum? Bei welchen Teilzielen fehlt Ihnen oder Ihrem Unternehmen das nötige Wissen? Wie können Sie diesen Mangel kompensieren? Welche Spezialisten müssen Sie für welche Wissensgebiete engagieren?

Analysieren Sie, welches Wissen Sie künftig brauchen

Die Analyse zeigt Ihnen, wo Sie ansetzen müssen, um Ihr persönliches Wissen zu erweitern und externes Wissen einzukaufen. Hier noch einige Tipps für die Förderung Ihres persönlichen Wissens:

- ☐ **Wählen Sie Ihre Wissens-Quellen ganz bewusst aus.** Nicht jede Zeitschrift, nicht jede Fachpublikation hilft Ihnen wirklich weiter. Analysieren Sie kritisch all das, was Sie regelmäßig lesen. Reduzieren Sie den „Leseberg" auf das, was Ihnen wirklich Nutzen bringt.

- ☐ **Halten Sie neues Wissen möglichst sofort schriftlich fest.** Das menschliche Gehirn ist zwar ein sehr gutes Denkwerkzeug – als Merkspeicher allerdings nur begrenzt leistungsfähig. 90 Prozent aller guten Gedanken, die nicht sofort in die Tat umgesetzt oder notiert werden, gehen verloren.

Sammeln Sie Informationen und Ideen in einem Privatarchiv

☐ **Schaffen Sie sich eine persönliche „Wissensbank“.** Keine Zeitungs- oder Fernsehredaktion kommt ohne ein gut sortiertes Archiv aus. Hier ruht das Hintergrundmaterial für eine fundierte Berichterstattung. Schaffen Sie sich ein individuelles Privatarchiv, in dem Sie neue Informationen und eigene Gedanken sammeln und ordnen.

☐ **Organisieren Sie Ihr Wissen.** Wählen Sie für die Gliederung zehn bis 15 Hauptpunkte – die Ordnung sollte Ihren beruflichen Bedürfnissen und Aufgaben sowie Ihren persönlichen Wünschen und Zielen entsprechen.

☐ **Sorgen Sie für schnellen Zugriff.** Ob Sie für Ihr Archiv einen (möglichst großformatigen) Karteikasten, eine Hängeregistratur oder einen Büroordner verwenden oder ob Sie sich mittels PC, Scanner und entsprechender Software ein elektronisches Archiv einrichten, sollte sich ebenfalls nach Ihren Gewohnheiten und Bedürfnissen richten. Wichtig ist nur, dass Sie leichten Zugriff zu Ihrem Wissen haben und gesuchte Informationen schnell finden.

☐ **Füllen Sie Ihren Wissens-Speicher.** Ordnen Sie neue Informationen, Erkenntnisse oder Anregungen aus Vorträgen, Büchern und Gesprächen, Kopien interessanter Veröffentlichungen sowie eigene Aufzeichnungen in Ihre Wissensbank ein. Ergänzen Sie dieses

Archivmaterial mit eigenen Gedanken und verknüpfen Sie es mit dem bisher gespeicherten.

- ☐ **Nutzen Sie Ihre Wissensbank.** Wann immer Sie Pläne schmieden, eine persönliche, berufliche oder unternehmerische Entscheidung treffen, ein Konzept entwickeln, einen Fachartikel schreiben: Ihr gesammeltes Wissen wird Ihnen wertvolle Informationen und Impulse geben.

In vielen Lebenslagen ist es unabdingbar, (die richtige) Information zur Hand zu haben. Ein gut gepflegtes Privatarchiv kann Ihnen deshalb entscheidend helfen, Ihre Ziele zu erreichen und Ihre Zukunft erfolgreich zu gestalten.

Ein gut gepflegtes Archiv wird Ihnen in vielen Situationen eine große Hilfe sein

Kapitel 7:

Durch Planen steigern Sie die Wahrscheinlichkeit, erfolgreich zu agieren

In diesem Kapitel 7 lesen Sie:

Wer plant, verbessert seine Chancen und seine Erfolgsfähigkeit. Er wird seine Ziele in der Regel leichter, sicherer und schneller erreichen als derjenige, der unvorbereitet losrennt.

Erfolgsbaustein 35: Planung

Planen ist nicht alles, aber ohne Planen ist alles nichts

> *„Eine solide Planung ist die beste Grundlage für eine geniale Improvisation."*
>
> (Jean-Paul Blum)

„Erfolg ist kein Zufall. Erfolg lässt sich planen." Diese Überzeugung wollten wir Ihnen in diesem Buch vermitteln. Und das nötige Know-how, damit Sie Ihren Erfolg auch tatsächlich planen, Ihre Zukunft aktiv gestalten können.

„Warum soll ich meine Aktivitäten überhaupt planen?"

Doch es gibt auch Zweifler. Lassen Sie uns deshalb eine häufig gestellte Grundsatzfrage zum Thema Planung an den Schluss des Buches stellen: „Warum soll ich eigentlich meine unternehmerischen, beruflichen und privaten Aktivitäten planen? Was bringt mir das? Ist denn Zukunft überhaupt planbar?"

Die Argumente der Kritiker:

- ☐ Planen schränkt Kreativität und Spontaneität ein.
- ☐ Planen kostet Zeit, die dann für das Handeln fehlt.
- ☐ Planen gibt keine Garantie für den Erfolg des Handelns.

Eines ist zweifellos richtig: Fast nie kann ein Plan 1:1 in die Realität umgesetzt werden. Wie schön wäre es doch, wenn man nach Analyse, Zielbestimmung und Vorgehensplanung alle Einzelschritte hin zum Ziel exakt nach seinem Vorgehens- und Zeitplan abarbeiten könnte. Man würde automatisch, mühelos und termingerecht sein Ziel erreichen.

Fast nie kann ein Plan 1:1 in die Realität umgesetzt werden

In der Realität sieht es freilich meist anders aus. Die unterschiedlichsten „Störfaktoren" – ob geänderte Rahmenbedingungen, unvorhergesehene Schwierigkeiten wie der Ausfall wichtiger Mitarbeiter, Motivationsprobleme, anders gewichtete Prioritäten und vielerlei sonstige Unwägbarkeiten oder Zwänge – sorgen dafür, dass die Dinge häufig ganz anders kommen als geplant, dass Aufgaben und Projekte bis zum Schluss spannend bleiben, dass Pläne immer wieder geändert werden müssen.

Warum also exakt planen?

Ganz einfach: Weil Planen die Wahrscheinlichkeit des Erfolges erhöht.

Planen erhöht die Wahrscheinlichkeit des Erfolges

Planen mobilisiert das Unterbewusstsein

Zunächst mal durch den psychologischen Effekt: Wer plant, konzentriert sich – bewusst und unbewusst – auf seine selbst gestellten Ziele und Aufgaben. Gerade das Unterbewusstsein liefert permanent wertvolle Ideen und Lösungsvorschläge. Wer nicht plant, verzichtet auf diese stärkende Unterstützung.

Planen ermöglicht spontanes Reagieren

Im Alltag, so Planungs-Kritiker, seien häufig rasches Handeln und spontanes Reagieren nötig, ohne dass Zeit für eine sorgfältige Planung mit Analyse, Zielfindung und Vorgehensplanung bleibe. Das ist sicher richtig. Doch bietet gerade eine frühzeitige Planung die Möglichkeit, im Ernstfall spontan zu reagieren und trotzdem auf dem richtigen Weg zum vorgesehenen Ziel zu bleiben.

Ein guter Plan ist kein starres Korsett, sondern ein elastischer Anzug, der flexibles Reagieren erlaubt

Es geht ja nicht darum, sich einmal einen Plan zu machen und dann sein Leben gemäß diesem „Fahrplan" abzuspulen. Die Realität verlangt viele kleine Kurskorrekturen. Kaum ein Plan wird letztlich so realisiert, wie er aufs Papier geschrieben wurde. Planung muss leben, muss sich kontinuierlich dem Wandel um uns herum anpassen. Ein guter Plan ist deshalb auch kein starres Korsett, sondern ein elastischer Anzug, der jede Bewegung mitmacht und so das flexible Reagieren auf äußere Einflüsse erlaubt.

Planen erleichtert das Reagieren auf Störungen

Wenn Sie durch gründliche Planung Ziel und Richtung konkret festgelegt haben und wenn Sie sich vor allem im Vorfeld bereits mit möglichen Hindernissen und eventuellen Katastrophen beschäftigt haben, dann können Sie auf jegliche „Störung" im vorgesehenen Ablauf rasch und angemessen reagieren, ohne das Ziel aus den Augen zu verlieren.

Ohne Panik werden Sie den Kurs neu bestimmen, ohne Zeitverzögerung die nötigen Kurskorrekturen vornehmen. Den vielleicht nötig werdenden Umweg, der um das Hindernis herum führt, haben Sie ja in der vorherigen Planung bereits bedacht und genau beschrieben. Das heißt: Wenn Sie planerisch vorbereitet sind, finden Sie nach jeder Störung im Programmablauf sicher auf den richtigen Weg zurück.

Planen ist die Basis für Flexibilität

Planen ist also keineswegs eine Einschränkung der persönlichen Freiheit. Planen ist vielmehr die Basis dafür, dass Kreativität, Spontaneität und Flexibilität wirksam werden können. Flexibel und kreativ kann nur derjenige sein, der weiß, was er mit seinem flexiblen und kreativen Handeln bewirken will. Ganz besonders gilt dies für Unternehmen: Klare Ziele und sorgfältige Planungen geben den Mitarbeitern Orientierung sowie einen Rahmen für ihre Kreativität und fördern somit Leistungsbereitschaft und Leistung.

Planen fördert Kreativität und Leistungsvermögen

Planen stärkt die Selbstbestimmung

Noch ein wichtiger Aspekt: Planen bewirkt Eigenverantwortung. Wer sein Leben nicht selber in die Hand nimmt, wer also nicht plant, der wird von vielen Seiten verplant. Er muss auf fremde Einflüsse reagieren anstatt selbstbestimmt agieren zu können. Von außen aufgedrängte Termine und Aufgaben bestimmen dann meist den Ablauf des Tages. Die persönlichen Ziele, die eigenen wichtigen Aufgaben, viel zu oft auch die kreative Gedankenarbeit, geraten in den Hintergrund.

Wer nicht plant, der wird verplant

Darum ist es nötig, den noch vorhandenen persönlichen Freiraum auszuschöpfen und den persönlichen Erfolg sorgfältig und konsequent zu planen. Wer das Heft selber in die Hand nimmt, ist nicht mehr ausschließlich fremdbestimmt, sondern handelt selber – auch für Mitarbeiterinnen und Mitarbeiter nachgewiesenermaßen ein entscheidender Motivationsfaktor. Eigenverantwortliches Handeln führt zu mehr Selbstbewusstsein und zu mehr Ruhe und Gelassenheit bei der Durchführung der täglichen Aufgaben. Und somit zu mehr persönlichem Erfolg.

Eigenverantwortliches Handeln führt zu mehr persönlichem Erfolg

Planen spart Zeit und Kosten

Und deshalb greift auch ein anderer Vorbehalt nicht: Planen koste unnötige Zeit, die dem Handeln verloren gehe. In aller Regel führt der Aufwand für das planerische Vorbereiten des Handelns zu einer deutlichen Einsparung von Zeit, Geld und Energie in der Umsetzungsphase.

Wer unvorbereitet losmarschiert, aufs Geratewohl verschiedene Wege ausprobiert, unterwegs ständig Richtung und Fortbewegungsmittel wechselt, der wird letztlich erschöpft dem hinterher blicken, der systematisch und unbeirrt auf festgelegter Route über geplante Etappenziele dem fernen Ziel entgegenstrebt.

Planen ist die Voraussetzung für Erfolg

Wer seine Aufgaben und Aktivitäten nicht plant, geht ein (vermeidbares) Risiko ein. Sicher kennen Sie Beispiele aus eigenem Erleben:

Wer seine Aktivitäten nicht plant, geht ein Risiko ein

- ☐ die Rede, die nicht vorbereitet war und so zum Flop wurde
- ☐ die Party, bei der der Braten noch halb roh und das Bier bereits nach zwei Stunden alle war

- ☐ die Verhandlung, die wegen mangelnder Vorbereitung in die Hose ging
- ☐ das Projekt, das wegen ungenügender Planung scheiterte
- ☐ ...

Gerade die Erfahrung erfolgreicher Menschen belegt immer wieder: Erst die Fähigkeit zur Zukunftsplanung macht zukunftsfähig und erfolgreich. Die richtige Methode hierfür ist exaktes Planen und systematisches, zielorientiertes Handeln nach dem HelfRecht-Regelkreis:

Die richtige Methode ist exaktes Planen und zielorientiertes Handeln

- ☐ Am Anfang jeder Aufgabe, egal ob beruflich oder privat, steht die sorgfältige, schriftliche **Analyse des Ausgangszustandes.**

- ☐ Als zweites wird das **konkrete Ziel** für das bevorstehende Handeln exakt herausgearbeitet und **definiert.**

- ☐ Eine detaillierte **Vorgehensplanung** mit der Angabe von geeigneten Teilzielen beschreibt den Weg vom Start zum Ziel.

- ☐ Erst auf dieser Basis von terminierbaren Einzelschritten kommt die **Zeitplanung** ins Spiel, mit der alle Aktivitäten auf die zur Verfügung stehende Zeit aufgeteilt werden.

- ☐ Wer dann beim **Realisieren des Planes** sein Handeln stets am Ziel sowie an seiner Vorgehensplanung orientiert und im Bedarfsfall mit rechtzeitigen Kurskorrekturen gegensteuert, der hat die besten Voraussetzungen, dass er seine Aufgabe erfolgreich meistert, dass er sein **Ziel erreicht (= Erfolg!).**

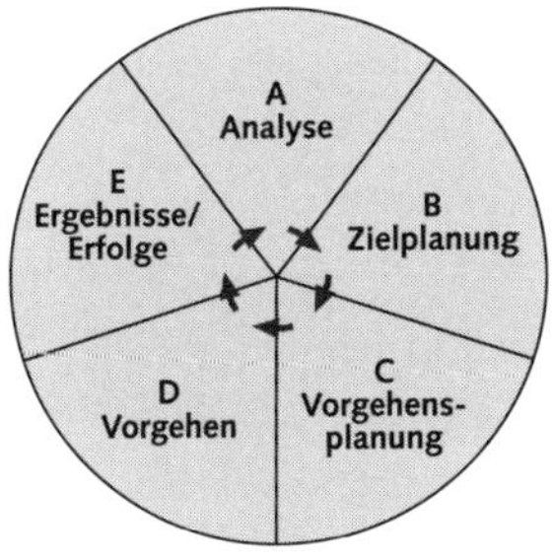

Zitatgeber

Adler, Alfred: österreichischer Arzt und Psychologe, 1870 – 1937
Aristoteles: griechischer Philosoph, 384 – 322 v.Chr.
Bach, Richard: amerikanischer Schriftsteller, *1936
Bacon, Francis: englischer Staatsmann und Philosoph, 1561 – 1626
Blum, Jean-Paul: deutscher Jurist, *1946
Busch, Wilhelm: deutscher Dichter, Zeichner und Maler, 1832 – 1908
Claudius, Appius: römischer Zensor und Konsul, 4. Jahrhundert v.Chr.
Demosthenes: griechischer Redner und Staatsmann, 384 – 322 v.Chr.
Disney, Walt: amerikanischer Trickfilmzeichner und Filmproduzent, 1901 – 1966
Disraeli, Benjamin: englischer Staatsmann, 1804 – 1881
Drucker, Peter F.: österreichischer Managementberater in den USA, *1909
Ebner-Eschenbach, Marie von: österreichische Autorin, 1830 – 1916
Edison, Thomas Alva: amerikanischer Erfinder, 1847 – 1931
Einstein, Albert: deutscher Physiker, Physik-Nobelpreisträger, 1879 – 1955
Fontane, Theodor: deutscher Schriftsteller und Erzähler, 1819 – 1898
Ford, Henry: amerikanischer Industrieller, 1863 – 1947
Fromm, Erich: deutsch-amerikanischer Psychoanalytiker, 1900 – 1980
Galsworthy, John: englischer Schriftsteller, Literatur-Nobelpreisträger, 1867 – 1933
Gandhi, Mahatma: indischer Philosoph und Staatsmann, 1869 – 1948
Goethe, Johann Wolfgang von: deutscher Dichter, 1749 – 1832
Iacocca, Lee: amerikanischer Automobilmanager, *1924
Jean Paul: deutscher Dichter, 1763 – 1825
Kant, Immanuel: deutscher Philosoph, 1724 – 1804
Kästner, Erich: deutscher Schriftsteller, 1899 – 1974
Konfuzius (Kong Qiu): chinesischer Philosoph, 551 – 479 v.Chr.
Lincoln, Abraham: 16. Präsident der USA, 1809 – 1865
Lohberger, Hans: österreichischer Autor und Aphoristiker, 1920 – 1979
Morgenstern, Christian: deutscher Dichter, 1871 – 1914
Nahr, Helmar: deutscher Mathematiker und Wirtschaftswissenschaftler, *1931
Oech, Roger von: Autor und Kreativitätsberater
Otto, Werner: deutscher Unternehmer (Gründer des Otto-Versands), *1909
Rückert, Friedrich: deutscher Dichter, 1788 – 1866
Schmidt, Helmut: deutscher Politiker, Bundeskanzler, *1918
Schopenhauer, Arthur: deutscher Philosoph, 1788 – 1860
Schweitzer, Albert: deutscher Arzt, Theologe, Philosoph und Musiker, 1875 – 1965
Seneca, Lucius Annaeus: römischer Dichter und Philosoph, 4 v.Chr. – 65 n.Chr.
Shaw, George Bernard: anglo-irischer Schriftsteller, 1856 – 1950
Stresemann, Gustav: deutscher Reichskanzler und Außenminister, 1878 – 1929
Vollath, Werner: deutscher Bakteriologe und Schriftsteller, 1892 – 1970
Welch, Jack F.: amerikanischer Manager (General Electric), *1935

Das Autorenteam

Manfred Helfrecht (Jahrgang 1936) hat das HelfRecht-System entwickelt – eine methodische „Anleitung", die Menschen dabei hilft, ihre Ziele systematisch zu erreichen. Manfred Helfrecht gründete – neben verschiedenen anderen Firmen – im Jahr 1974 das HelfRecht-Unternehmerzentrum im nordbayerischen Bad Alexandersbad (im Fichtelgebirge). Dort wird das HelfRecht-System in speziellen Planungstagen vermittelt. Manfred Helfrecht ist Autor mehrerer Fachbücher sowie unzähliger Zeitschriftenbeiträge. Sein Engagement für die aktive Mittelstandsförderung, ebenso aber auch für Umweltschutz und soziale Zwecke, wurde mit zahlreichen Auszeichnungen gewürdigt, unter anderem mit dem Bundesverdienstkreuz am Bande, dem Verdienstkreuz 1. Klasse des Verdienstordens der Bundesrepublik Deutschland, der Rudolf-Diesel-Medaille des Kuratoriums im Institut für Erfindungswesen (Nürnberg), der Ehrenplakette des Zentralverbandes des Deutschen Dachdeckerhandwerks oder der „Sonnenschein-Medaille" der „Aktion Sonnenschein für das mehrfach behinderte Kind". Die Medien würdigten Manfred Helfrecht mit Bezeichnungen wie „Mittelstands-Pionier" oder „Pionier des Umweltschutzes".

Werner Bayer (Jahrgang 1953) ist Alleinvorstand der HelfRecht AG. Nach einer kaufmännischen Ausbildung war er bei namhaften, weltweit tätigen Unternehmen in verantwortlichen Führungspositionen beschäftigt. Das HelfRecht-System begleitet ihn seit etwa 20 Jahren auf seinem beruflichen Weg. Seit 1993 ist Werner Bayer für das HelfRecht-Unternehmerzentrum tätig. Unter seiner Initiative und Regie entwickelte HelfRecht neue Leistungsangebote, mit denen sich Unternehmer für aktuelle Herausforderungen stärken können, beispielsweise Planungstage für den finanziellen Erfolg oder für den Verkaufserfolg. Seit 1995 leitet Werner Bayer HelfRecht-Planungstage für den persönlichen Erfolg, seit 1997 auch Planungstage für Unternehmensführung.

Der Journalist **Christoph Beck** (Jahrgang 1959) ist verantwortlich für die Unternehmenskommunikation bei HelfRecht. Nach einer klassischen Journalistenausbildung (Tageszeitungs-Volontariat), einem Journalistikstudium an der Universität München und Tätigkeiten in verschiedenen Medienbereichen wechselte er 1988 in die Presse- und Öffentlichkeitsarbeit. Er war zuständig für die Unternehmenspublikationen eines internationalen Konzerns, war stellvertretender Pressesprecher in einem weltweit aktiven Maschinenbauunternehmen und leitet seit 1995 die Kommunikationsaktivitäten des HelfRecht-Unternehmerzentrums. Christoph Beck ist zudem Chefredakteur der Unternehmerzeitschrift „methodik" und Autor von Fachbüchern.

Planungstage bei HelfRecht: Erfolg lässt sich planen

Erfolg ist kein Zufall. Erfolg lässt sich planen. Dies gilt für unternehmerische und berufliche Herausforderungen ebenso wie für ganz persönliche Aufgaben und Ziele. Das Know-how hierzu lernen Sie in den Planungstagen bei HelfRecht.

Der besondere Sofortnutzen dieser fünf Tage: Mit Hilfe des HelfRecht-Systems erarbeiten Sie konkrete Pläne für Ihre individuelle Situation. So werden Sie bereits kurzfristig spürbare Verbesserungen und Entlastungen in Ihrem Leben erreichen.

Scheinbar unlösbare Aufgaben meistern

Manche Aufgaben scheinen unlösbar. Manche Ziele unerreichbar. Manche Probleme nicht zu bewältigen. Wer nicht weiß, wie er Herausforderungen lösen soll, schiebt wichtige Dinge nicht selten Monate oder sogar Jahre vor sich her.

Mit dem HelfRecht-System werden Sie auch sehr schwierige Situationen meistern. Anspruchsvolle Aufgaben Schritt für Schritt bewältigen. Systematisch und rationell.

Ihr Nutzen: Sie agieren in jeder Situation souverän. Sie haben Erfolg.

Ziele, die Sie begeistern und motivieren

Wer nicht weiß, was er eigentlich will, handelt häufig unüberlegt, überstürzt und hektisch. Dies kostet nicht nur viel Zeit und Kraft, sondern führt auch zu mangelhaften Ergebnissen.

Mit dem HelfRecht-System treffen Sie Entscheidungen stets zielorientiert. Nach Situationsanalyse und Zielbestimmung legen Sie alle notwendigen Einzelschritte detailliert fest, bevor Sie loslegen. Diese spezielle Methodik lernen Sie bei den HelfRecht-Planungstagen.

Ihr Nutzen: Sie planen Ihre beruflichen, unternehmerischen und privaten Herausforderungen systematisch. Durch dieses gezielte Vorgehen erreichen Sie Ihre Ziele schnell und sicher!

Persönliche Stärken erfolgsorientiert einsetzen

Viele Menschen verzweifeln an ihren Schwächen und wissen nicht, wie sie ihre Stärken erfolgswirksam einsetzen können.

In den HelfRecht-Planungstagen finden Sie selber Ihren eigenen Weg. Sie machen sich Ihre individuellen Stärken und besonderen Begabungen bewusst. Und Sie erkennen, wie Sie diese Qualitäten bestens für Ihren persönlichen und unternehmerischen Erfolg einsetzen. Sie werden aber auch erfahren, wie Sie aus Schwachstellen neue Kräfte gewinnen und daraus positive Ergebnisse erzielen können.

Ihr Nutzen: Sie erkennen die richtigen Chancen und nutzen sie für Ihre Ziele. Mit dieser Sicherheit agieren Sie auch in schwierigen Situationen souverän.

Optimale Organisation der Arbeitsabläufe

Unklarheit über Zuständigkeiten, Abstimmungsprobleme zwischen Abteilungen, fehlende Kommunikation, unmotivierte Mitarbeiter – all das schwächt die Leistungskraft Ihres Unternehmens.

Die HelfRecht-Planungstage liefern Ihnen die Methodik, Ihre Arbeitsabläufe optimal zu organisieren. Sie schaffen Transparenz und Klarheit in Ihrem Verantwortungsbereich, verbessern so Effizienz, Termintreue, Qualität und Wirtschaftlichkeit. Sie werden damit auch die Leistung Ihrer Mitarbeiterinnen und Mitarbeiter deutlich steigern und eine spürbar größere Schaffensfreude erreichen – wirkungsvolle Schritte gegen den Mangel an qualifizierten Fachkräften.

Ihr Nutzen: Sie machen Ihr Unternehmen noch leistungsfähiger und erfolgreicher.

Deutlich mehr Zeit für das Wesentliche

Täglich müssen Sie eine Fülle von Aufgaben erledigen und viele Termine wahrnehmen. Es bleibt häufig zu wenig Zeit für das, was Ihnen wirklich am Herzen liegt.

In den HelfRecht-Planungstagen lernen Sie eine bewährte Technik kennen, mit der Sie Ihre Situation besser in den Griff bekommen: Künftig werden Sie

- ☐ Wichtiges von Unwichtigem unterscheiden
- ☐ Ihre Aufgaben systematisch und dadurch ökonomischer angehen
- ☐ Ihre Energie durch das richtige Setzen von Prioritäten noch gezielter und wirksamer einsetzen
- ☐ weitgehend selbstbestimmt agieren statt immer nur reagieren zu müssen

Ihr Nutzen: Sie werden spürbar ruhiger und gelassener. Und Sie bekommen (wieder) mehr Zeit für die Dinge, die Ihnen wichtig sind: für Ihre unternehmerischen Aufgaben, für Ihre Familie, für Ihre Hobbys und natürlich für sich selbst – um neue Energien zu schöpfen, um sich selbst zu entfalten...

Mehr Lebensqualität durch spürbare Entlastung

Viele Menschen sind gefangen in einer erdrückenden Negativspirale. Sie wissen nicht, wie sie aus der festgefahrenen Situation, einer stagnierenden beruflichen Entwicklung, aus dem Hamsterrad von Zeitstress und Gewohnheiten ausbrechen können.

In den Planungstagen finden Sie individuelle Lösungen für Ihre individuellen Probleme. Sie erkennen, wie Sie sich aus negativen Situationen selbst befreien, Sorgen, Ängste oder Stress erfolgreich abbauen. Sie legen begeisternde Ziele für Ihr Leben fest. Sie beschreiben, wie Sie diese Ziele Schritt für Schritt erreichen.

Als Folge der Planungstage werden Sie innerlich zufriedener und ausgeglichener. Sie können Ihre Lebensvorstellungen wesentlich besser verwirklichen.

Ihre Schaffensfreude wird auch Ihre Mitarbeiterinnen und Mitarbeiter begeistern – Harmonie und Leistungsfähigkeit im Unternehmen werden spürbar wachsen.

Sie werden aber auch private Defizite beseitigen – nicht wenige Lebenspartnerschaften leiden ja unter dem zu großen beruflichen Engagement eines Partners.

Ihr Nutzen: Ihr Leben wird in jeder Hinsicht noch lebenswerter! Sie haben Erfolg. Und Freude am Erfolg!

Schritt für Schritt zu konkreten Maßnahmenplänen für Ihre individuelle Situation

In den HelfRecht-Planungstagen lernen Sie eine Technik, die es Ihnen leicht macht, erfolgreich zu sein. Doch nicht nur das – Sie wenden diese Technik auch sofort praktisch an, um Ihren persönlichen und unternehmerischen Erfolg zu planen:

Schritt für Schritt erstellen Sie umsetzungsreife Pläne, wie Sie aktuelle Probleme in den Griff bekommen, wie Sie anstehende Aufgaben und Projekte erfolgreich bewältigen, wie Sie Ihre individuellen Ziele erreichen.

Bei den HelfRecht-Planungstagen arbeiten Sie ausschließlich an Ihrem eigenen Erfolg: Maßgeschneidert auf Ihre Situation und Ihr Unternehmen entwickeln Sie (ohne Fremdbeeinflussung) passende Strategien und konkrete Pläne.

Und bereits während der Planungstage beginnen Sie mit der Umsetzung Ihrer Planungen. Dieser Sofortnutzen mit Langzeitwirkung macht die Planungstage bei HelfRecht so besonders wertvoll.

Das HelfRecht-Unternehmerzentrum

Im HelfRecht-Unternehmerzentrum im nordbayerischen Bad Alexandersbad lernen Chefs und Führungskräfte aus dem Mittelstand seit 1974 ein Planungs- und Managementsystem kennen, das ihnen dabei hilft, ihr Unternehmen erfolgreich zu führen und ihre Ziele zu erreichen.

Schwerpunkte des HelfRecht-Systems sind die beiden Bereiche Unternehmensführung und Selbstmanagement. Vermittelt wird das System in Planungs- und Trainingstagen, Workshops sowie durch Fachbücher und eine Fachzeitschrift für die Unternehmensführung im Mittelstand („methodik").

Gerne informieren wir Sie detaillierter über das HelfRecht-System:

HelfRecht-Unternehmerzentrum
Markgrafenstraße 32
D-95680 Bad Alexandersbad
Telefon 00 49 (0) 92 32 / 60 10
E-Mail info@helfrecht.de
Internet www.helfrecht.de